그들도
아이였다

그들도 아이였다

초판 10쇄 발행 2023년 5월 30일

지은이 김은우   **그린이** 비올라
펴낸이 정혜숙   **펴낸곳** 마음이음

책임편집 이금정
등록 2016년 4월 5일(제2016-000005호)
주소 03925 서울시 마포구 월드컵북로 402, 9층 917A호(상암동, KGIT센터)
전화 070-7570-8869 **팩스** 0505-333-8869 **전자우편** ieum2016@hanmail.net
블로그 https://blog.naver.com/ieum2018

ISBN 979-11-89010-00-3 44000
      979-11-960132-5-7 (세트)

그들도 아이였다

김은우 지음 | 비올라 그림

마음이음

우리 시대 대표 인물 40인의
진로와 꿈 찾기 썰說전!

· 차 례 ·

1 현명하게 노력하기

유재석 "꿈을 찾기보다는 습관을 고쳐라" / 12

대도서관 "취미도 직업이 된다" / 16

빌리 빈 "영감을 찾기보다는 연구하기" / 20

유시민 "즐겁게 자신이 잘하는 일 하기" / 24

스티브 잡스 "잘할 수 있는 일에 집중하기" / 28

도끼 "남들이 안 가는 길이 때로는 더 좋을 수도" / 32

셰릴 샌드버그 "경쟁할 필요 없다" / 36

김중만 "모두가 가는 길을 가지 않는 역발상" / 40

2 인내도 재능이다

손석희 "학벌이 전부인가?" / 46

미궁 주혜 "그 어떤 고난이라도" / 50

토리야마 아키라 "만약 내가 성공이 오래 걸린다면" / 54

박찬호 "성공한 사람들의 숨겨진 노력" / 58

양향자 "상고 출신 직원에서 상무까지" / 62

스티브 스필버그 "낙제생의 화려한 부활" / 66

이해진 "다 버려서 이룩한 성공" / 70

마이크 모하임 "즐거운 게임을 만들기 위한 고난" / 74

3 나만의 성공 만들기

김범수	"나는 나밖에 될 수 없다"	/ 80
마이클 블룸버그	"흙수저의 해답은 창조"	/ 84
이동진	"안정된 승진을 마다하고 만든 새로운 커리어"	/ 88
제프 베조스	"잘나가는 금융회사 최연소 부사장이 퇴사한 이유"	/ 92
엘론 머스크	"1달러로 하루를 살 수 있을까?"	/ 96
이세돌	"단점이 장점이다"	/ 100
워런 버핏	"상상하기 어려운 미래의 모습"	/ 104
에드 캣멀	"새로운 길을 가야 할 이유"	/ 108

4 티 안 나는 일을 열심히

데니스 홍	"바로 앞에 있었던 성공 비결"	/ 114
테드 창	"소설가가 되고 싶은데 왜 수학을 배워야 해요?"	/ 118
백종원	"엄친아의 의외의 성공 비결"	/ 122
제임스 다이슨	"기계공이 사무직보다 천한 직업일까?"	/ 126
김빛내리	"과학은 혼자 하는 게 아니다"	/ 130
김용	"인생은 실천이다"	/ 134
윤종신	"성실함이 최고의 전략이다"	/ 138
네이트 실버	"수학으로 세상을 풀어내는 남자"	/ 142

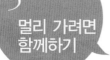

5
멀리 가려면
함께하기

강성태 "공부하지 마세요" / 148

김연아 "라이벌이 있는 게 좋다" / 152

나영석 "아웃사이더들의 모임" / 156

배상민 "그가 모든 걸 버리고 돌아온 이유" / 160

김주윤 "그들의 불편에 공감하기" / 164

버락 오바마 "혼란에서 그를 구원한 것" / 168

함태호 "우리에게도 이런 부자가 있었다" / 172

어셈블 "협업하는 무명의 예술가들" / 176

? 무작정 시간과 정성을 들여 노력하면
꿈을 이룰 수 있을까

똑똑하게 효율적으로 노력하여
꿈을 이룬 인물들의 이야기

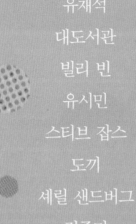

유재석
대도서관
빌리 빈
유시민
스티브 잡스
도끼
셰릴 샌드버그
김중만

1

현명하게 노력하기

유재석

"꿈을 찾기보다는 습관을 고쳐라"

MC 겸 개그맨. 서울예술대학교 방송연예학과에 다니던 중 제1회 KBS대학개그제에서 장려상에 입상하며 개그맨으로 데뷔했다. '남편은 베짱이', '서세원쇼—토크박스' 등 TV 코너에서 이름을 알렸다. 이후 「스타 서바이벌 동거동락」을 시작으로 「MC대격돌—공포의 쿵쿵따」「실제상황 토요일—X맨」「무한도전」「런닝맨」 등의 방송을 진행했다. 연예대상을 14회 받은 역대 최다 수상자이며, 2013년에는 백상예술대상 TV 부문 대상을 수상하기도 했다.

목적을 가져라. 그 목적은 큰 꿈일수록 좋다.

그리고 목적을 향해 달려라. 그래야 성공한다.

많은 자기계발서와 멘토들이 하는 말입니다.

그러나 재미있게도 성공한 사람 중에서는 큰 야망을 품었던 사람들이 생각보다 많지 않습니다. 마이크로소프트 사를 설립한 빌 게이츠는 정보통신 기술(IT)을 통해 세계 최고의 부자가 되겠다는 꿈을 꾸지 않았습니다. 심지어 정복 왕 칭기즈 칸의 꿈 또한 생존이지, 정복자가 아니었습니다. 대체 사람을 성공으로 이끄는 것은 무엇일까요?

자타공인 대한민국 최고의 MC 유재석. 그는 방송 진행 실력뿐만 아니라 따뜻한 인품으로도 두루 존경받는 사람이지요. 하지만 단숨에 사람들로부터 이런 인정을 받은 걸까요?

유재석은 서울예술대학교 1학년 때 제1회 KBS대학개그제(1991년)에서 장려상을 타면서 방송에 등장합니다. 어린 시절 언제나 '가장 웃긴 아이'였던 유재석은 장려상에 만족하지 못했고, 수상자가 호명되었을 때 기뻐하지 않고 귀를 파는 등 약간 오만해 보일 수 있는 모습을 보였습니다. 그 일로 유재석은 선배들에게 건방진 신입으로 찍혔지요. 첫 단추부터 잘못되었던 셈입니다.

이후 그는 긴 시간 무명 생활을 보내며 두각을 나타내지 못했습니다. 군대를 다녀온 후에는 리포터 일에 도전했지만 방송 울렁증으로 실수가 잦았지요. 우울했던 그 시절 유재석은 마음을 다해 기도했다고 합니다.

"제발 한 번만 제게 기회를 주세요. 나중에 유명해졌을 때 초심을 잃고 이 모든 것을 나 혼자 이루었다고 생각한다면 그 어떤 벌도 달게 받겠습니다."

기도와 고민 끝에 유재석은 자신이 왜 대중의 사랑을 못 받는지 원인을 깨달았습니다. 여태껏 시청자들을 웃기려고 노력하기보다는, 자신이 받은 대접에 불평만 했던 것입니다. 왜 사람들이 자신을 인정 안 해 주고 큰 배역에 쓰지 않는지 불평하느라 정작 작은 배역은 소홀히 했던 거지요. 그러니 주역의 기회가 올 리 없었습니다.

또한 유재석은 남의 개그에 웃지 않았습니다. 자신의 개그가 더 재미있다고 생각했기 때문이지요. 하지만 스타 개그맨들이 남의 개그에 자지러지도록 웃는 것을 보고 생각이 바뀌었습니다. 서로의 개그에 반응하고 웃으니 방송이 더욱 활기차고 재밌어졌습니다. 개그는 나 혼자 하는 것이 아니라, 출연자들이 한마음으로 협업해서 만드는 것이라는 걸 뒤늦게 깨달은 것이지요.

이후 유재석의 방송 스타일이 바뀝니다.

아무리 작은 배역이라도 누구보다 철저하게 방송을 준비하기 시작했습니다. 또한 남의 말에 귀 기울이고, 잘 웃어 주었습니다. 나보다는 팀을 중시하고, 겸손한 마음으로 방송에 임했습니다.

그러자 조금씩 삶이 바뀌기 시작했습니다. 방송가에 '유재석이 성실하다'는 소문이 퍼졌습니다. 한 PD가 그에게 메뚜기 가면을 쓰고 하는 콩트에 주연 자리를 제안했습니다. 과거였다면 우스꽝스러운 배역이라고 거절했을 유재석이지만, 성실하게 방송에 임해 인기 대열에 올랐습니다. 이후 유재석은 「서세원쇼」에서의 스타 게스트를 거쳐 「MC대격돌—공포의 쿵쿵따」「실제상황 토요일—X맨」「무한도전」등의 프로그램을 통해 최고의 MC로 발돋움하게 되지요.

유재석은 단 한 번도 인생 목표가 '최고의 방송인'이었던 적이 없다고 합니다. 무명 시절, 그는 그저 남들이 알아보고 사인을 부탁할 정도의 방송인이 되었으면 한다고 말했지요. 그를 지금의 자리에 있게끔 만든 것은 최고가 되어야겠다는 야망이 아니었습니다. 성실함, 겸손함, 배려와 같은 인품이었습니다.

'전교 10등을 목표로 공부할 거야', '의사를 목표로 공부할 거야'.
이런 식으로 당장 성과를 내기 힘든 큰 목표를 정해 놓고 공부하는 학생들이 많습니다. 하지만 큰 목표를 갖는 것은 생각만큼 만족스런 결과를 내지 못할 수도 있습니다. 그 목표를 달성할 때까지는 실패의 연속이 될 수 있기 때문입니다.
'전교 1등'에 걸맞은 공부 습관을 지니는 것을 목표로 하는 건 어떨까요? 이럴 경우 기분 좋게 공부에 임하는 순간 목표를 이룰 수 있습니다. 이런 성취감은 자신감을 만듭니다. 게다가 좋은 습관을 지니면 성공은 자연히 따라오게 됩니다. 최고의 방송인이 꿈인 적은 없지만 그에 걸맞은 습관을 지니려 노력하다 보니 자연스럽게 인기 방송인이 된 유재석처럼 말이지요.

대도서관

"취미도 직업이 된다"

인터넷 방송인. 인터넷 강의 업체 '이투스'에 입사해서 일했으며, 채팅 사이트 '세이클럽'에서 오디오 방송으로 인터넷 방송을 시작했다. 이후 다음 tv팟, 아프리카 TV를 거쳐 현재는 유튜브에서 인터넷 방송 중이다. EBS 교육방송에서 직업 소개 프로그램 「대도서관 잡쇼」를 진행하기도 했다. 2016년 케이블TV 방송대상에서 1인 크리에이터상을, 2017년 한국방송비평상 모바일콘텐츠 부문을 수상했다.

대도서관은 좋은 목소리로 게임 대사를 읽어 주면서 마치 동네 형과 수다를 떨며 게임을 같이하는 듯한 재미를 주는 인터넷 방송으로 유명해졌습니다. 가장 인정받는 인터넷 방송인인 대도서관. 그는 이런 낯설고도 새로운 일을 어떻게 시작할 수 있었을까요?

대도서관의 본명은 나동현입니다. 대도서관이라는 별명은, 게임 속 건물인 알렉산드리아 도서관의 별명 '대도서관'에서 따왔습니다. 대도서관은 가정 형편이 좋지 않은 데다 아버지가 고등학생 때 돌아가시면서 대학 진학을 포기하게 됩니다. 성인이 되고 나서 얼마 후에는 어머니도 돌아가셨습니다.

그는 어쩔 수 없이 공부보다 일을 해서 돈을 벌어야 했습니다. 인터넷 강의 사이트에서 처음 일을 시작했는데, 덕분에 인터넷 미디어에 빠르게 적응할 수 있었으며, 자연스럽게 인터넷 방송 기회도 엿볼 수 있게 되지요.

"난 라디오 방송도 좋아하고, 이야기하는 것도 좋아하잖아. 차라리 내가 방송을 해 보면 어떨까?"

2010년, 드디어 대도서관은 다음 tv팟에서 인터넷 방송을 시작합니다. 그 이전에도 인터넷 라디오 방송 경험은 있었기에 가벼운 마음으로 인터넷 방송을 진행한 것이지요. 자신이 인류 문명을 이끄는 「문명5」 게임 방송으로 특히 인기를 얻었습니다.

이후 대도서관은 아프리카TV로 방송을 옮겨 큰 인기를 끕니다. 게임 생방송은 물론, 음악과 사연 읽기를 중심으로 하는 라디오 방송까지 진행합니다. 덕분에 많은 팬이 생겼으며, 아프리카TV의 대표 방송인으로 자리 잡았습니다.

그러나 대도서관은 유튜브로 터전을 옮깁니다. 아프리카TV 방송은 시청자에게 직접 돈을 받는 방식인데, 수익성은 좋지만 소수의 열성 팬에게 좌지우지될 수 있다는 단점이 있습니다. 반면 유튜브는 채널을 구독하는 독자에게 광고를 노출시켜 돈을 버는 구조입니다. 그래서 열성 팬보다는 많은 팬을 위한 방송을 할 수 있지요.

인터넷 방송은 누구나 도전할 수 있습니다. 그러다 보니 경쟁도 치열합니다. 그런 곳에서 어떻게 방송 전문가도 아닌 대도서관이 최고의 자리에 오를 수 있었을까요?

대도서관은 매일 정해진 시간에 방송을 하고 종료합니다. 그 다음 날에도 정해진 시간에 일어나 방송을 준비합니다.

이렇게 성실했던 덕분에 대도서관은 오랜 기간 꾸준히 방송을 진행할 수 있었지요. 그리고 이런 신뢰가 쌓이면서 '매일 정해진 시간에 PC나 스마트폰을 켜면 대도서관이 방송을 하고 있다'는 믿음이 생겼습니다. 팬이 생긴 겁니다.

또한 대도서관의 방송은 욕설이 없습니다. 덕분에 남녀노소 누구나 부담 없이 볼 수 있는 방송이 탄생했습니다.

　자극적인 말을 하면서 관심을 끌겠다는 유혹을 이겨 내고, 대신 매일 성실하게 방송하기를 택한 덕분입니다.

　지금도 그는 방송 콘텐츠에 대해 끊임없이 연구 중입니다. 새로운 방송을, 새로운 시장에 전달하기 위해서입니다. 또한 강연뿐 아니라, 인터넷 방송에 대해 가르치는 일도 열심히 하고 있지요. 그러면서 작은 기업 못지않은 돈을 벌고 있기도 합니다. 자신이 좋아하는 게임과 수다를 일로 만들어 누구보다 열심히, 성실하게 한 덕분이지요.

성공하려면 수단과 방법을 가리지 말아야 한다고 말하는 사람이 있습니다. 반칙이 넘쳐나는 세상에서 나만 성실하게 일하면 손해라는 생각이 들기도 하지요.
대도서관에게도 그런 유혹이 있었습니다. 다른 인터넷 방송인은 욕설이나 자극적인 내용으로 시청자를 끌어모았습니다. 반듯하게 누구도 불편하지 않은 방송을 하는 대도서관은 관심에서 멀어지는 것처럼 보였죠.
반칙이 당장은 좋아 보이지만 언젠가는 그 대가를 치르게 됩니다. 반칙을 알아보는 눈들이 있기 때문입니다. 당장 빨라 보이는 반칙보다는, 미련해 보이는 정석이 더 빠른 길일 수도 있습니다. 자극적인 방송보다는 꾸준히 재미있는 방송을 추구한 덕분에 인터넷 방송을 대표하는 사람이 된 대도서관처럼 말이죠.

" 영감을 찾기보다는 연구하기 "

메이저 리그 야구팀 오클랜드 어슬레틱스의 부사장. 1984년 뉴욕 메츠를 시작으로 1989년 오클랜드 어슬레틱스에서 은퇴할 때까지 평범한 야구선수 생활을 했다. 이후 오클랜드 어슬레틱스에서 스카우터, 보조 단장을 거쳐 1998년에 단장이 되었으며, 2015년에는 부사장으로 승진해 팀 운영을 책임지고 있다. 2007년에는 「포브스」지가 선정한 '최고의 메이저 리그 단장'에 선정되었다.

학교에서 두각을 나타내는 친구들이 있지요? 공부를 잘하는 친구도 있고, 운동을 잘하는 친구도 있고, 말을 잘하는 친구도 있습니다. 그런 친구들은 어른이 된 후에도 두각을 나타내며 대단한 자리에 있을까요?

빌리 빈은 야구 천재였습니다. 고등학교 시절까지 투수와 타자 부문에서 실력이 최고였지요. 심지어 공부도 잘해서 미국의 명문 대학 스탠퍼드대학교에 입학 제안도 받았습니다. 고민 끝에 빌리 빈은 대학을 가는 대신 야구선수가 되기로 하고 1980년 뉴욕 메츠에 입단했습니다. 입단한 야구팀에서는 빌리 빈이 위대한 야구선수가 될 거라고 호언장담했습니다.

"어머님, 빌리는 역대 최고의 야구선수가 될 겁니다. 제가 보증합니다."

그러나 결과는 실패였습니다. 빌리 빈은 프로 야구선수로 몇 번 뛰어 보지도 못하고 여러 구단을 전전하다가 1989년 선수 생활을 끝냈지요. 은퇴 후에는 전국을 떠돌면서 좋은 야구선수가 될 수 있는 학생을 찾아다니는 스카우터가 됐습니다. 자신이 최고의 야구선수가 될 거라고 호언장담했던 코치의 말을 원망하면서 말이지요.

빌리 빈은 바닥에서부터 노력한 끝에 1998년 36세의 젊은 나이에 야구팀을 책임지는 자리인 단장이 되었습니다. 야구선수라는 목표를 잃은 상태에서 열심히 노력한 덕분에 얻은 성과였지요.

그러나 단장이 되고 보니 구단에는 돈이 없었습니다. 기껏 선수들을 모아 우승할 수 있는 좋은 팀을 꾸리면 다른 구단에서 더 많은 돈을 주고 실력 좋은 선수를 사 가기 일쑤였습니다. 그러다 보니 매년 빌리 빈이 운영하는 야구팀은 다시 시작해야 했습니다.

가난한 재정 상태에서 야구팀을 운영할 방법을 고민하던 빌리 빈은 자신의 어린 시절을 떠올렸습니다. 왜 야구 전문가들은 빌리 빈이 최고의 야구선수가 될 거라고 했던 걸까요?

빌리 빈은 달리기가 빨랐고, 성격도 불같았죠. 잘생겼고요. 코치는 잘생기고, 열정적이고, 발이 빠른 빌리 빈이 최고의 야구선수가 될 거라고 생각했던 것입니다.

하지만 야구선수가 꼭 성격이 급하고, 달리기가 빠르고, 얼굴이 잘생겨야 할까요? 그럴 필요는 없지요. 발이 빠르면 물론 좋지만 그보다는 투수가 던진 공을 잘 치면 됩니다. 또 야구는 아무리 잘하는 선수도 열에 여섯은 실패하는 운동이라 조급하지 않아야 좋은 야구선수가 될 수 있습니다. 얼굴은 잘생기든 못생기든 전혀 상관없고요.

야구 전문가들은 본인의 편견으로 빌리 빈이 최고의 선수라고 지레짐작했던 거예요.

빌리 빈은 모든 편견을 던져 버리고 다른 방식으로 야구팀을 운영하기로 마음먹습니다. 그는 야구 전문가들 대신 젊은 수학자와 통계학자들을 고용해 야구선수들을 뽑았습니다. 이렇게 만들어진 팀은 기존의 야구팀과 전혀 달랐습니다. 뚱뚱하지만 성격이 침착해서 볼을 잘 받는 선수, 나이가 들어 수비는 잘 못 하지만 아직 타격을 잘 하는 선수도 있었지요.

기존의 선입관으로는 형편없는 야구선수였겠지만, 빌리 빈과 수학자들은 통계를 분석해서 다른 시각으로 선수를 판단했습니다.

빌리 빈이 이끄는 야구팀은 적은 예산으로 훌륭한 성적을 거뒀습니다. 또한 그의 야구 운영법은 모두의 귀감이 되어 야구팀은 물론 사회에서도 그의 작전을 따라 하기 시작했습니다. 2015년, 빌리 빈은 성과를 인정받아 오클랜드 어슬레틱스 야구단 부사장으로 승진했습니다. 그리고 그의 이야기를 담은 영화 「머니볼」이 만들어지기도 했답니다.

'수학을 왜 배워야 해요?'라고 묻는 친구들이 많습니다. 수학이 얼핏 보기에는 쓸모가 없어 보이기 때문입니다.

세상에는 자기주장이 틀렸어도 맞다며 우기는 사람이 있습니다. 그러면 나이가 더 어린 사람, 지위가 더 낮은 사람은 더 이상 자기주장을 펼칠 수 없을 때가 많지요. 그런 사람을 설득시키는 데 '숫자'만큼 확실한 게 없습니다. 지금까지의 결과물들을 숫자로 만들어서 근거를 보여 주면 되는 거죠. 마치 남들이 보기에는 이상한 선수들을 잔뜩 뽑은 것처럼 보였지만 통계로 그들의 가능성을 입증한 빌리 빈처럼 말이죠.

유시민

사진제공 : 연합뉴스 헬로포토

"즐겁게 자신이 잘하는 일 하기"

작가이자 전 정치인. 서울대학교에서 경제학 학사, 독일 마인츠요하네스구텐베르크대학교 대학원에서 경제학 석사 학위를 받았다. 대학 시절, 서울대학교 총학생회 대의원회 의장을 역임했으며, '서울대 학원 프락치 사건'의 주모자로 지목되어 쓴 '항소이유서'로 큰 화제가 되었다. 이후 작가로 활동하여 『거꾸로 읽는 세계사』, 『어떻게 살 것인가』 등의 책을 썼다. 2002년 절필 선언 후 정치인으로 활동하며 보건복지부 장관, 통합진보당 공동대표 등을 역임했다. 2013년 정계 은퇴 후 작가 및 정치 평론가로 활동 중이다.

유시민은 한때 대한민국에서 가장 논쟁적인 사람이었습니다. 그는 보건복지부 장관까지 지낸 사람이었지요. 또한 수많은 돌출 발언과 정당을 옮기는 행동으로 호불호가 갈린 정치인이기도 했습니다.

그런 그가 자신을 '작가'로 불러 달라고 합니다. 그만큼 작가란 호칭이 그의 인생에 남달랐다는 뜻이기도 합니다. 그에 걸맞게 그는 10만 권 정도는 거뜬히 파는 베스트셀러 작가입니다. 그의 작가 인생은 어떻게 시작되었을까요?

어린 시절 공부를 잘했던 유시민은 법관이 되어 집안을 일으키겠다고 결심합니다. 그리고 서울대학교 사회 계열에 입학했습니다.

대학생이 된 유시민은 서울대학교 학생운동의 한 축이었던 서클 '농촌법학회'에 들어갔으며, 야학에서 공장 노동자들을 가르치기도 했지요. 이런 활동을 통해 그는 자신의 집보다 훨씬 어려운 사람이 많다는 사실을 깨닫게 되었습니다.

'나 정도면 잘사는 거였구나. 내 가족이 잘사는 일보다 더 중요한 일이 있는 건 아닐까?'

문제 해결을 고민하다 보니 자연히 사회 문제점도 보였습니다. 당시는 군사 정권이 불법적으로 나라를 장악했던 시절이었습니다. 독재 정권 아래 법 기관의 공정하지 못한 행동에 염증을 느낀 그는 판사가 되려는 꿈을 접고 법학과 대신 경제학과를 선택합니다.

1980년대 서울대학교 총학생회 대의원회 의장이 된 유시민은 군사 정권과 싸우며 온갖 고초를 겪었습니다. 강제로 군 입대를 하게 되는가 하면, 전역 후에는 감옥에 들어가기도 합니다. '서울대 학원 프락치 사건'에 연루되어 징역형을 선고받고 쓴 '항소이유서'는 우연히 한 기자에 의해 보도되었고, 유시민은 이 일로 유명해집니다.

이즈음 유시민은 『거꾸로 읽는 세계사』라는 책을 씁니다. 원래 운동권 매체에 연재했던 글을 모은 이 책은 유시민의 당시 사상이 집대성된 책이었습니다. 중국과 소련을 긍정적으로 해석하고, 서방에 대한 날카로운 비판을 담는 등, 당시로는 충격적인 내용이 가득했습니다. 이후 『거꾸로 읽는 세계사』의 성공을 토대로 염원했던 독일 유학도 다녀오게 됩니다.

2002년, 유시민은 정치를 시작했습니다. 이전에도 그는 민주당에서 보좌관으로 정치 활동을 했던 적이 있었습니다. 그는 현실을 바꿔 보겠다고 정치계에 입문해 노무현 대통령을 보좌하고, 보건복지부 장관을 역임하는 등 빠른 성공을 이루었습니다.

그러나 그의 정치 활동은 순탄치 않았습니다. 정장을 입는 게 관례였던 국회에서 백바지를 입고 입장했다가 의원들의 반감을 삽니다. 또한 공격적인 말투로 인해 정치인 유시민을 싫어하는 사람들이 많았지요. 보건복지부 장관으로 훌륭한 업적을 남겼지만, 부정적인 이미지가 발목을 잡았고, 유시민은 선거에서 연거푸 세 번 낙선하며 정치를 그만두었습니다.

이후 유시민은 본업인 작가로 돌아와 활발하게 활동 중입니다. 글 쓰는 방법을 다룬 『유시민의 글쓰기 특강』, 그동안 자신의 삶을 정리한 『어떻게 살 것인가』, 자신만의 방식으로 현대사를 다룬 『나의 한국현대사』 등 다양한 책을 썼습니다. 더불어 정치 프로그램에서 정치 평론을 하고, 강연 활동도 하고 있지요.

"작가가 제일 좋은 거 같아요."
유시민은 자신을 '지식 소매상'이라고 표현합니다. 다양한 작가들의 지식을 적절하게 배열해서 대중에게 전달하는 역할을 한다는 뜻입니다.

지금도 작가 유시민은 지식 소매상으로 살고 있는 중입니다. 화려했던 과거의 영광보다, 자신이 믿었던 가치에 투신했던 과거보다, 자신이 잘하는 일을 즐겁게 하고 있는 지금이 더 행복하다는 말도 덧붙이면서 말이죠.

자식들보다 세상을 더 오래 살았고, 경험이 많다는 이유로 부모는 자식들에게 검증된 좋은 길만 가라고 합니다. 그런 길을 가야 미래가 잘 풀리리라 믿지요. 이런 부모의 믿음은 과연 옳은 것일까요?
유시민은 사회 투사로, 작가로, 정치인으로 다양한 삶을 살았습니다. 일반적인 인식으로 보면 그의 전성기는 '장관' 시절일 겁니다. 하지만 그는 정치인일 때보다 작가인 지금이 더 행복하다고 말합니다. 어쩌면 모든 자녀에게는 자신만의 성공의 길이 있는지 모릅니다. 지식 소매상이 되어 지식을 전달하고, 자신의 의견을 피력하면서 소박하게 사는 게 출세한 과거 시절보다 더 행복하다고 말하는 유시민처럼 말이죠.

스티브
잡스

"잘할 수 있는 일에 집중하기"

미국의 기업인. 1976년 스티브 워즈니악과 함께 애플 사를 설립하고 애플 I, 애플 II 컴퓨터를 개발해 퍼스널 컴퓨터 시장을 연다. 이후 애플을 떠나 넥스트와 픽사를 설립했으며, 픽사가 세계 최고의 애니메이션 스튜디오로 성장하는 데 기여했다. 1997년 애플에 복귀하여 아이팟, 아이폰, 맥북, 아이패드 등의 히트 상품을 발표했다. 2011년, 56세에 췌장암으로 사망했다.

스티브 잡스는 한 번 이루기도 힘든 큰 성공을 세 번이나 이루었습니다. 애플로 한 번, 픽사로 한 번, 마지막으로 애플에 돌아와서 또 한 번 큰 성공을 거두었습니다. 그의 성공 비결은 무엇이었을까요?

스티브 잡스는 일을 그 누구보다 많이 하던 사람이었습니다. 일밖에 모르던 사람이란 표현이 더 정확할지 모릅니다. 그는 1976년 스티브 워즈니악, 로널드 웨인과 함께 애플을 설립했습니다. 그리고 애플 I과 애플II를 개발해 기업이 사용하던 컴퓨터를 개인용으로 바꾸었습니다. 컴퓨터의 역사를 바꾼 셈입니다. 이전까지만 해도 컴퓨터는 가격이 비쌀 뿐만 아니라, 크고 무거워서 가정에 많이 보급되지 않았었지요.

큰 성공 이후 그는 기고만장해졌습니다. 공동 창업자이자 애플에서 기술을 책임지고 있던 전문가 워즈니악을 무시하고 자기 마음대로 신규 컴퓨터를 만들었습니다. 이렇게 만들어진 애플III는 크게 실패했습니다. 조급해진 잡스는 직원들을 과격하게 다그치면서 회사 동료들에게 미움을 사기 시작했지요. 결국 잡스는 자신이 설립한 회사 애플에서 쫓겨나게 됩니다.

이후에도 그의 고집불통 행보는 계속되었습니다. 자신을 따르는 기술자들과 만든 회사 넥스트(NeXT)에서도 자기 생각만 밀어붙였습니다. 잡스는 누구보다도 열심히 일했지만, 여전히 다른 사람들의 의견을 듣지 않았습니다. 그러다 보니 1년간 9명의 부사장급 인사 중 7명이 회사를 나갔습니다. 넥스트는 또 실패했고, 1993년에 그들이 만든 컴퓨터는 단종되었습니다.

　이후 스티브 잡스는 루카스 필름에서 컴퓨터 그래픽을 담당하는 팀 '픽사'를 인수했습니다. 그래픽 편집 소프트웨어를 만들어 자신이 만든 컴퓨터를 파는 데 도움이 되도록 쓰겠다는 계획이었습니다. 그러나 결과는 또 실패였지요. 아무도 그들이 만든 소프트웨어를 사지 않았던 겁니다.

　그러자 잡스는 픽사의 직원들이 하고 싶은 일을 마음껏 하도록 간섭하지 않았습니다. 직원들은 자유로운 환경에서 3D 애니메이션을 만들었습니다. 그 기간 동안 잡스는 그저 디즈니와 같이 일할 수 있도록 약간의 도움만 주었을 뿐입니다. 최초의 컴퓨터 애니메이션 영화 「토이 스토리」가 이렇게 탄생한 것입니다. 장난감들의 모험과 우정을 담은 이 영화는 아카데미 영화제 수상과 평론가들의 호평을 받으며 흥행에 성공합니다.

　이후 잡스의 생각이 바뀌었습니다. 일을 많이 한다고 능사가 아니란 것을 깨달은 거죠.

> "다르게 생각해야겠어.(Think Different.) 일을 많이 할 필요는 없지. 적은 게 더 많은 거니까.(Less is More.)"

　예전에 잡스가 만든 회사에는 스타 직원이 없었습니다. 본인이 혼자 다 했으니까요. 그러나 잡스가 일하는 방식을 바꾼 후에는 달라졌습니다. 디자인과 경영 등 다양한 분야에서 조나단 아이브, 팀 쿡 같은 전설적인 사람들이 등장한 것입니다. 잡스가 그들의 능력을 믿고 권한을 위임했기 때문입니다.

이렇게 일을 위임한 후, 잡스는 꼭 필요한 일만 하기 시작했습니다. 장기적인 사업 기획, 마케팅 등 잡스 생각에 누구보다 자신이 잘할 수 있는 부분에만 집중했습니다. 애플에 돌아오자마자 그는 판매하던 대부분의 제품을 없애고, 정말 잘할 수 있는 5개 이하의 제품으로만 기업을 꾸렸습니다. 그리고 넥스트의 실패를 밑거름 삼아 세상을 바꾸는 제품을 만들기 시작합니다.

아이팟부터 아이패드, 아이폰, 맥북까지! 모두 세상을 바꾼 획기적인 제품이었습니다.

자신이 잘할 수 있는 일에 집중하고, 일을 나눠 남에게 맡기고, 일하는 시간을 줄였기에 얻은 성공이었습니다.

밤늦게까지 공부하고, 정작 수업 시간에는 잠을 자는 학생들이 많습니다. 그게 최선일까요?

흔히 일을 많이 하면 잘하게 된다고 믿습니다. 물론 게으른 사람이 성공할 수는 없겠지요. 하지만 일을 많이 한다고 능사는 아닙니다. 잘할 수 있는 일에 집중하는 것이 더 중요하지요. 누구보다 일을 많이 했던 스티브 잡스는 실패 후 일을 줄였습니다. 대신 가족과 시간을 보내고, 잘할 수 있는 사람에게 일을 믿고 맡기기 시작했죠. 덕분에 더 큰 성공을 거두었습니다.

우리도 너무 앞만 보고 달리기보다는 잘할 수 있는 일에 집중하고, 조금씩 여유를 가지면서 공부나 일을 해 보면 어떨까요?

도끼

DOK2

사진제공 : 일리네어 레코즈

"남들이 안 가는 길이 때로는 더 좋을 수도"

래퍼이자 프로듀서. 12세에 음악계에 투신했다. 스타덤을 시작으로 갑엔터테인먼트, 맵더소울 등 다양한 소속사를 거쳤다. 2005년 15세 때 다이나믹 듀오의 「서커스」를 작사, 작곡, 피처링하면서 최연소 힙합 프로듀서로 데뷔했다. 2011년에는 선배 래퍼 겸 프로듀서 더 콰이엇과 함께 '일리네어 레코즈'를 설립해 공동대표가 된다. 「쇼미더머니」 등의 방송 프로그램 출연과 꾸준한 공연 및 음악 활동을 통해 힙합을 상징하는 스타로 자리 잡았다.

'힙합'은 대중음악의 한 장르로 특히 젊은 세대들에게 인기 있습니다. 또한 가장 오해받는 음악이기도 합니다. 마치 1980년대에 헤비메탈이 어른들에게 이해받지 못했던 것처럼 말이죠. 격한 욕설과 과도한 자기 자랑으로 가득한 음악으로 보이기도 쉽습니다. 힙합의 이러한 속성을 대표적으로 보여 주는 가수가 바로 '도끼'입니다.

도끼의 온몸은 문신으로 가득합니다. 그가 만든 음악 가사는 자신의 돈과 성공을 자랑하는 내용이 대부분이지요. 자신을 무시하는 사람들을 향한 비아냥과 욕설도 서슴지 않습니다. 얼핏 생각하면 양아치 음악을 하는 치기 어린 젊은이로 보입니다.

그러나 도끼에게는 반전이 있습니다. 그는 무대 바깥에서 술과 담배는커녕 커피도 마시지 않습니다. 매일같이 성실하게 녹음실에서 음악을 만들고, 남는 시간은 명상하며 시간을 보냅니다. 그야말로 바른 생활 사나이죠. 그는 대체 어떤 사람일까요?

도끼는 가난한 어린 시절을 보냈습니다. 돈 벌 방법을 궁리하던 그는 즐겨 들었던 힙합 음악이 자신의 길이라는 결정을 내리고, 음악계에 뛰어들었습니다. 조PD, 다이나믹 듀오, 에픽하이 등 거물들이 만든 기획사에서 가수를 준비했지만 결과는 좋지 않았습니다.

도끼가 만드는 음악은 힙합 음악 중에서도 한국인이 가장 받아들이기 어렵다는 '사우스 힙합' 계열의 강렬한 스타일입니다. 한국인의 정서에 맞는다는 '가요 힙합'과 타협을 거부하고, 대형 기획사에게 도움도 받지 않는 그에게 성공은 멀게만 보였습니다. 어떻게 그는 성공을 거둘 수 있었을까요?

　도끼는 자신의 운명을 바꾸기 위해 적극적인 행보를 보입니다. 우선 어릴 때부터 알고 지내던 동료 '더 콰이엇'과 함께 '일리네어 레코즈'라는 회사를 만듭니다. 이 회사는 인기 래퍼 '빈지노'를 영입하며 가장 잘나가는 힙합 레이블이 되었습니다. 본인 마음에 드는 제작사가 없자 스스로 회사를 차린 것입니다.

　또 그는 누구보다 노력했습니다. 사우스 힙합이라는 장르에서는 어릴 때부터 대한민국에서 제일가는 작곡가였기에 이 특기를 살려 본인이 직접 작곡과 편곡을 하고, 가사를 쓴 곡들을 쉴 새 없이 발표합니다. 그리고 신곡이 나올 때마다 여러 차례 공연을 치릅니다. 게으른 천재들이 넘치는 가요계에서 성실함으로 승부한 겁니다.

　　　"게으른 천재? 그런 게 어디 있어? 나는 누구보다 많은 곡을 발표하겠어."

　　　또한 그는 수많은 래퍼들이 대중성 있는 음악과 타협할 때 끝까지 자기 스타일의 음악을 고수했습니다. 대형 기획사에도 들어가지 않았습니다. TV 예능에 출연해서 자신을 알리는 것도 최소화했지요. 대신 공연과 음악 창작에 온 힘을 쏟았습니다.

　모든 면에서 타협을 포기한 도끼는 무모한 돈키호테처럼 보였을지도 모릅니다. 하지만 그의 당찬 행보에 매력을 느낀 팬들이 서서히 생기기 시작했지요. 엄청난 히트곡은 없지만 많은 곡을 발표하고, 자

신이 곡의 작사, 작곡, 연주, 노래, 제작을 담당했기에 수익을
고스란히 다 얻을 수 있었습니다. 무엇보다 도끼의 음악은 한
국에서는 아무도 하지 않던 음악이어서 오직 도끼를 통해서만 들을
수 있었습니다. 음악이 인기를 끌면서 그는 꾸준한 팬층을 보유하게
되었고 소위 잘나가는 랩 스타가 되었습니다.

"자신이 하고 싶은 일을 해도 돼요. 꾸준히 성실하게 임하면
세상과 타협하지 않고도 자신이 원하는 방식대로 성공할 수
있어요."

타협 하나 없이 자신의 음악 세계로 성공한 도끼가 우리에게 전해
주는 메시지입니다.

"때로는 하고 싶은 일을 포기해야 한다."
많은 이들이 하는 말입니다. 정말 그럴까요? 좋다고 알려진 일은 누구나 하고 싶어
합니다. 경쟁도 치열하지요. 반면 안 좋은 일(성공하기 힘든 일)이라고 알려진 일은
어떨까요? 죽도록 성실하게 노력할 각오만 되어 있다면 공부 같은 보편적인 재능이
없는 사람도 성공할 수 있습니다. 누군가에게는 쓸모없어 보이는 재능일지라도 성실
하게 갈고닦으면 누구보다 빛날 수 있습니다. 정말 중요한 건 자신이 무엇을 원하는
지 알고, 뜻을 정하면 끝까지 가 보는 용기와 꾸준함입니다.
지금 하고 싶은 게 뭔가요? 그게 남들이 성공할 리 없다고 생각하는 길인가요? 한
번 그 길에서 실패해도 후회하지 않을 정도로 노력해·보면 어떨까요? 누구도 성공할
수 없다고 말한 음악을 꾸준히 추구해서 성공한 래퍼 도끼처럼 말이죠.

셰릴
샌드버그

"경쟁할 필요 없다"

미국의 기업인. 맥킨지 앤드 컴퍼니 경영 컨설턴트와 미국 재무부 수석보좌관을 역임했으며, 2001년부터 2008년까지 구글에서 글로벌 온라인 판매 및 운영을 담당했다. 2008년부터는 페이스북의 최고운영책임자로 페이스북을 이끌고 있다. 여성 후배를 위한 책 『린 인』과 역경을 딛는 힘을 다룬 책 『옵션 B』를 쓴 베스트셀러 작가이기도 하다. 2012년에는 미국 「타임」지가 선정한 '세계에서 가장 영향력 있는 100인'에 선정되었다.

셰릴 샌드버그는 세계에서 가장 영향력 있는 여성들 중 하나로, 현재 페이스북의 최고운영책임자입니다. 마크 저커버그 대표와 함께 페이스북을 이끌면서 여성 직장인의 귀감이 되고 있지요. 그녀는 어떻게 지금 자리에 우뚝 설 수 있었을까요?

어린 시절부터 셰릴 샌드버그는 골목대장이었습니다. 동생들을 부하처럼 거느리고 온 동네를 휘젓고 돌아다녔죠. 공부도 잘해 반에서 1등을 놓친 적이 없었습니다. 하지만 그녀는 그런 자신이 싫었다고 고백합니다. 너무 '세 보이는' 그녀에게 남자들이 데이트 신청 하는 걸 부담스러워했기 때문이죠.

셰릴 샌드버그는 줄곧 엘리트 코스를 밟았습니다. 하버드대학교 경제학과와 경영대학원을 최우등으로 졸업했으며, 세계은행 연구원, 맥킨지 앤드 컴퍼니 경영 컨설턴트, 재무부 수석보좌관으로 일했지요.

잘나가는 그녀는 그러나 남들이 이해할 수 없게도 본인의 성공에 불만을 갖고 있었습니다. 하버드대학교를 다니던 시절, 지도 교수는 셰릴 샌드버그에게 해외 근무를 권유한 적이 있었습니다. 그렇지만 그녀는 해외로 나가면 결혼이 어려워질 거라는 이유로 거절했습니다. 실제로 그녀는 미국 정부에서 근무하면서 24세에 결혼했지요. 하지만 결혼은 1년 만에 실패로 끝났습니다.

2001년, 셰릴 샌드버그가 이직을 고민할 당시, 인터넷 혁명이 거세지고 있었습니다. 이 흐름에 올라타야 성공할 수 있을 듯했지요. 그럼에도 당시에는 인터넷 회사가 돈을 벌 수 있을 거라고 생각했던 사람은 없었습니다.

셰릴 샌드버그는 구글의 최고경영자 에릭 슈미트와 만났습니다. 구글은 그녀에게 아직 만들어지지도 않은 사업 부문을 맡아 달라고 했습니다. 다른 회사보다 직책 수준도 낮았지요. 구글이 제시한 일의 조건과 직책이 자신의 기준에 미치지 못한다고 말하자, 에릭 슈미트는 이렇게 대답했습니다.

"바보 같은 말 말고 로켓에 올라타세요. 회사가 빠르게 성장하면 경력도 알아서 성장합니다. 회사가 성장하지 못하고, 회사의 존재 가치가 사라지면 그때부터 정체되고 사내 정치가 시작되는 겁니다. 로켓 자리를 받았으면 그 자리가 어디인지는 중요하지 않아요. 일단 올라타세요."

셰릴 샌드버그는 진지하게 이 말을 받아들였습니다. 구글은 에릭 슈미트의 말대로 무섭도록 빠르게 성장하는 로켓이었습니다. 처음 시작은 존재하지도 않은 팀의 낮은 직위였지만, 회사가 성장하면서 그녀도 함께 성장했습니다. 그녀는 구글에서 글로벌 온라인 판매 및 운영 부회장이 됩니다.

6년 반 후, 셰릴 샌드버그는 구글을 떠났습니다. 수많은 회사가 그녀에게 회사 대표 자리를 제안했지만, 그녀는 그 모든 자리를 고사하고 23세 애송이 대학생 밑으로 들어갔습니다. 마크 저커버그의 페이스북이었습니다. 사람들은 그녀에게 "왜 스물세 살

짜리를 위해서 일하려 하냐?"라고 물었습니다. 셰릴 샌드버그는 그 질문에 이렇게 대답했습니다.

"커리어는 사다리가 아닙니다. 정글짐이죠. 내가 누구 위에 있고 누구 아래 있느냐가 중요한 게 아닙니다. 내가 얼마나 성장할 수 있는 곳이냐가 더 중요하죠."

현재 셰릴 샌드버그는 가장 빠르게 성장하는 IT 회사 페이스북의 2인자로 회사를 이끌고 있습니다. 그녀는 두 아이의 어머니이자 가장으로서, 또 가장 크게 성장하는 IT 회사의 중심으로서 세상을 바꾸고 있는 중입니다.

사람들은 등수를 중요시합니다. 학교에서는 성적으로 줄을 세우고, 회사에서는 직위로 등수를 매깁니다.
하지만 내 목표와 남의 목표는 다릅니다. 같은 기준으로 비교할 필요가 없는 거지요. 만약에 '지위'로 줄 세우는 게 목표였다면 셰릴 샌드버그는 정치계에서의 보장된 성공을 버리고 직위를 낮춰서 구글에 들어가지 않았을 겁니다. 또한 회사 대표 제의를 거절하고 페이스북에 직원으로 들어가지도 않았을 거고요. 하지만 그 두 곳은 그녀를 가장 필요로 하는 곳이자, 그녀가 가장 빠르게 성장할 수 있는 곳이었습니다. 중요한 건 내가 얼마나 '성장'하느냐지, 얼마나 높은 '위치'에 서느냐가 아닙니다. 체면과 조건보다는 자신의 성장을 중시하는 게 성공 비결이었던 것입니다.

김중만

"모두가 가는 길을 가지 않는 역발상"

사진작가. 프랑스 니스 국립응용미술대학에서 서양화를 공부했다. 1976년 프랑스 '오늘의 사진 80인'에 최연소 작가로 선정, 1977년 프랑스 아를국제사진페스티벌에서 '젊은 작가상'을 수상했다. 1979년 귀국하여 한국에서 사진가로 활동을 시작했다. 영화 「괴물」「달콤한 인생」 등의 포스터 사진부터 패션, 광고까지 다양한 분야의 사진을 찍었다. 2006년, 상업 사진에서 은퇴한 후 예술 사진에 집중하고 있다.

사진작가 김중만. 그는 우리나라 사진계에서 가장 빛나는 이름 중 하나입니다. 경매에서 최초로 1억 원 이상의 가격에 사진을 팔았는가 하면 '아트 슈퍼마켓'을 열어 만 원으로 사진을 살 수 있는 이벤트를 연 기인이기도 합니다. 한국 최고의 사진작가인 김중만은 어떤 인생을 살았을까요?

김중만의 아버지는 의사였습니다. 김중만이 중학교 3학년 때 아프리카로 의료 지원을 간 아버지는 돈에 관심이 없었습니다. 돌아가셨을 때 남긴 유산이 단돈 200만 원과 양복 2벌, 청진기 3개, 모자 3개, 그리고 자전거밖에 없을 정도였지요.

김중만에게는 아프리카 생활이 힘들었습니다. 학교가 없는 곳에서 친구도 없이 외로웠지요. 어쩔 수 없이 아버지는 김중만을 프랑스 시골로 유학을 보냅니다. 그는 학교의 유일한 동양인이었습니다. 김중만은 그곳에서 돈에 쪼들렸지만 행복한 시절을 보냈습니다.

김중만의 꿈은 문학가였습니다. 다만 유학 생활을 늦게 시작한 그가 문학을 전공하기에는 언어 실력이 부족해 고민 끝에 그림을 전공했습니다. 그러다 그림을 그리면서 취미로 시작한 사진에 깊게 빠져, 이후에는 사진을 찍기 시작했지요.

사진이 예술로 인정받은 건 1990년대 이후로 1970년대에는 프랑스에서도 사진에 관심이 없었습니다. 김중만의 지도 교수는 사진으로는 먹고살기 힘들다고 충고했을 정도였지요. 하지만 김중만은 사진의 '속도'에 끌렸습니다. 순식간에 결과물이 나오는 사진에 자신의 인생을 걸어 보기로 한 겁니다.

김중만의 사진은 다른 사람과 달랐습니다. 기존 사진은 이미 있던 일을 기록하는 수동적인 매체에 머물렀지요. 그러나 김중만은 그림을 그린다는 생각으로 주도적으로 장소를 고르고, 모델을 섭외했습니다.

김중만의 사진은 프랑스에서 큰 화제가 되었습니다. 칸 미술제 참석을 위해 프랑스에 한국 화가들이 왔습니다. 그들은 동양인 사진작가 김중만의 사진에 큰 충격을 받아 그를 한국에 초대했습니다. 1977년 그는 서울에서 사진 전시회를 열었습니다. 귀국한 한국에서 김중만은 프랑스에서는 느끼지 못했던 문화적 동질감을 느꼈습니다. 고민 끝에 그는 한국으로 돌아와 사진가 생활을 시작했습니다.

장발에, 귀고리를 하고, 프랑스어를 능숙하게 하는 사진가 김중만은 당시 한국 사회에서는 받아들이기 어려운 사람이었습니다. 심지어 그는 영화감독 신상옥과 이혼 후 혼자 아이를 키우고 있던 배우 오수미와 결혼하기도 했습니다. 기존 관습에서 벗어난 삶을 사는 그는 한국 사회에서 공격당하기 시작합니다. 1985년에는 외국인이 전시회를 열었다는 이유로 일본으로 추방당합니다. 당시 김중만은 프랑스와 부르키나파소 국적을 갖고 있었지요.

간신히 한국에 돌아왔지만 그는 또다시 알 수 없는 이유로 추방당했습니다. 이번에는 미국이었습니다. 그곳에서 그는 8개월간 사진 인화를 하면서 생계를 유지했습니다. 한국으로 돌아왔을 때는 이미 아내와의 관계는 무너진 후였습니다. 이후 이혼의 고통을 마약이라는 잘못된 방법으로 풀다가 구치소에 수감되기도 하고, 억울한 혐의로 정신병원에 감금되는 등 파란만장한 세월을 보냈습니다.

재혼 후 다시 가족을 꾸린 김중만은 본인을 믿고 있는 가족에게 뭔가 해야겠다는 생각이 들었습니다. 그는 연예인 사진 시장에 본격적으로 뛰어듭니다. 그리고 7년 만에 한국에서 가장 유명한 상업 사진작가가 됩니다.

2006년, 어느덧 50대에 접어든 김중만은 사진으로 돈을 벌지 않겠다는 과감한 결심을 합니다.

"이제 돈 버는 사진은 그만둬야겠어."

'작품'으로 세상 사람들에게 인정받아야겠다고 결심한 것입니다.

김중만은 아프리카 아이들을 후원하며 세계 오지를 다니기도 하고, 한국 방방곡곡을 돌아다니며 풍경 사진을 찍는 일에 집중하고 있습니다. 그는 지금 가장 행복하다고 말합니다. 자신이 좋아하는 사진을 원 없이 찍고 있으니 말이죠.

성공에는 하나의 길만 있지 않습니다. 꼭 경쟁에서 살아남아야만 성공할 수 있는 게 아닙니다. 자신만의 길을 찾는 과정이 진정한 성공에 더 가깝습니다.

위기 때마다 김중만은 '남들과는 다르게' 접근했습니다. 모두가 사진을 어떻게 찍어야 할지 모를 때, 과감하게 그림을 그리는 방식으로 사진을 찍었습니다. 또한 모두가 상업 사진을 통해 돈을 벌려는 경쟁에 뛰어들 때, 그는 과감하게 '나만이 찍을 수 있는' 예술 사진으로 선회합니다.

성공이란 줄 세우기가 아닙니다. 나만의 길을 찾는다면 누구와도 경쟁할 필요가 없습니다. 모두가 가는 길을 가지 않고 자기가 개척한 길을 간 덕에 유일무이한 사진작가가 된 김중만처럼 말이죠.

타고난 재능만이 성공의 열쇠일까

승리는 가장 끈기 있게
노력하는 자의 것임을 보여 주는
인물들의 이야기

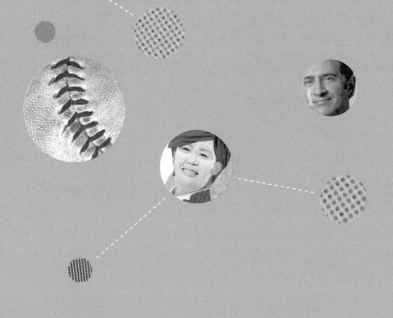

손석희

미궁 주혜

토리야마 아키라

박찬호

양향자

스티븐 스필버그

이해진

마이크 모하임

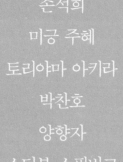

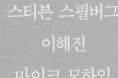

2

인내도 재능이다

손 석 희

"학벌이 전부인가?"

언론인 겸 앵커. 1984년 MBC에 아나운서로 입사했다. 「뉴스데스크」 「뉴스와이드」 「시선집중」 「100분 토론」 등의 프로그램을 진행하며 MBC 대표 아나운서가 되었다. 2013년부터 JTBC 보도 담당 사장이자 메인 뉴스 앵커로도 활동 중이다. 「시사저널」이 조사한 가장 영향력 있는 언론인으로 2017년까지 13년 연속 1위를 기록했으며, 한국아나운서 대상, MBC 브론즈 마우스상, 송건호 언론상 등을 수상했다.

앵커 겸 JTBC 보도 담당 사장인 손석희는 10년 넘게 한국에서 가장 신뢰도가 높은 언론인으로 인정받고 있습니다. 또한 깔끔한 이미지, 철저한 자기 관리, 냉철한 균형 감각 등으로도 대중에게 알려졌습니다.

그는 사람들이 흔히 말하는 소위 잘나가는 '스펙'을 갖고 있지는 않았습니다. 손석희의 출신 대학은 국민대학교입니다. 물론 훌륭한 대학입니다. 그러나 스카이(서울대학교, 고려대학교, 연세대학교) 출신이 가득한 언론계에서 내세울 만한 대학은 아니었습니다.

손석희는 처음부터 언론인이 되어야겠다는 꿈을 꾼 것도 아닙니다. 대학에서 국문학을 전공한 후, 「조선일보」에 입사해 판매국에서 일하는 동안 주위 사람들의 제안을 받아 MBC 아나운서에 입문하게 된 것이지요.

또한 그는 아나운서 출신이었습니다. 언론사는 기자 출신들이 주도하는 곳입니다. 아나운서는 기자보다 상대적으로 무시받는 분위기였습니다. 아나운서는 방송 출연자고, 기자는 언론을 이끄는 존재라는 생각이 일반적이었기 때문입니다. 아나운서 시험은 방송인을 뽑는 시험인 반면, 기자 시험은 언론인을 뽑는 진중한 시험이라는 선입견도 있었습니다. 심지어 그는 노조에도 가입되어 있었습니다. 모든 면에서 간부가 되기 어려운 배경을 갖고 있었던 셈이지요.

하지만 손석희는 피나는 노력으로 실력을 닦았습니다. MBC 입사 시험에서 PD와 기자를 포함해서 전체 수석으로 합격했을 정도로 그는 준비된 사람이었습니다. 거기에 더해 보도국 사회부 기자로도 경험을 쌓았습니다. 1997년에는 마흔이 넘은 나이에 미국 유학길에 올라 언론학 석사 학위를 받기도 했습니다.

인정받은 MBC 아나운서 국장 시절에도 그의 노력은 계속되었습니다. 국장직을 수행하면서 라디오 생방송과 TV프로그램 「100분 토론」을 진행했지요. 강행군 속에서도 그는 사람들의 신뢰를 쌓아 나갔습니다.

손석희는 정치적 흐름에 휩싸여 MBC에서 퇴사를 선택했습니다. 대신 그는 JTBC 보도국 사장에 임명됩니다. 하지만 뉴스는 쉽지 않았습니다. 사장 본인이 직접 앵커를 하는 파격적인 행보에도 뉴스 시청률은 좀처럼 오르지 않았습니다.

그가 평생 쌓아 온 신뢰가 이때 빛을 발합니다. 대통령이 연루된 '최순실 사건' 때 여러 언론사에서 결정적 증거인 '태블릿 PC'가 있는 건물을 취재합니다. 이 건물 경비원은 정치와 언론에 관심이 깊은 사람이었습니다. 그는 기자들을 신뢰하지 않았기에 취재하러 온 기자들에게 협조적이지 않았지요.

하지만 JTBC만은 예외였습니다. 그는 JTBC 사장인 손석희를 신뢰했습니다. 경비원은 JTBC 기자에게 더블루케이 사무실을 열어 주었고, 그 덕분에 JTBC는 태블릿 PC를 발견할 수 있었습니다.

태블릿 PC는 국정 농단 사건에서 결정적 증거가 되었습니다. 태블릿 PC에는 국가 기밀사항이 가득 담겨 있었던 것입니다. 이 정보를 정부에서 어떤 직위도 갖고 있지 않았던 일반인이자 대통령의 지인인 최순실이 갖고 있었다는 사실이 밝혀지면서 정치계가 요동치기 시작했습니다.

세기의 특종 뒤에는 손석희라는 언론인에 대한 믿음이 있었습니다. 평생 바른 모습으로 성실하게 일하며 쌓아 온 신뢰가 결정적인 순간에 도움을 준 셈입니다.

지금도 그는 JTBC 보도국의 사장이자, 메인 뉴스의 앵커로서 최선을 다해 일하는 중입니다.

시작이 남보다 늦었고 어쩌면 부족했던 손석희였습니다. 그가 성공하기까지는 피나는 노력이 있었습니다. 한순간 한순간 최선을 다했던 것이지요. 그렇게 쌓인 시간이 신뢰가 되어 대한민국에서 가장 영향력 있는 언론인이라는 값진 이름을 얻을 수 있었습니다.

물론 성적은 중요합니다. 그 자체도 그 시기의 성실을 보여 주니까요. 하지만 그것이 전부는 아닙니다. 이후 인생을 어떻게 사느냐에 따라 신뢰를 얻을 수도 있고, 또 잃을 수도 있습니다. 매일매일 최선을 다하는 토대를 만드는 것, 어쩌면 그것이 학창 시절에 해야 할 가장 중요한 일인지도 모릅니다. 남보다 늦게 언론인의 길을 걸었지만, 최선을 다한 끝에 최고의 자리에 오른 손석희처럼 말이죠.

아름다운 긍정
미긍

사진제공 : 컬처디자이너 발굴 캠페인

"그 어떤 고난이라도"

일러스트 아티스트. 2003년에 교통사고를 당해 시각장애와 오른쪽 신경이 마비되는 뇌변병 장애를 얻는다. 이후 재활 치료의 일환으로 실로암시각장애인복지관 미술반에서 취미로 그림을 그리기 시작했으며, 2010년부터 본격적으로 일러스트 아티스트로 활약 중이다. 2013년에 첫 개인전 '광대의 꿈' 개최 후, 꾸준히 개인전을 열고 있다. 일러스트 에세이집 『아름다운 긍정 미긍』을 출간했다. 블로그(blog.naver.com/xmas222)에서 그림과 글을 볼 수 있다.

한국에는 장애를 가진 사람들이 별로 눈에 띄지 않습니다. 별로 없는 걸까요? 그렇지 않습니다. 장애인 시설에 있는 경우가 많기에 잘 볼 수 없는 거죠.

여기 장애를 극복하고 사회에서 자신의 재능을 발휘하며 당당하게 살아가는 사람이 있습니다. 디자이너이자 일러스트레이터 미긍 주혜입니다. '미긍'이란 '미친 긍정'의 줄임말입니다. 그녀는 교통사고로 얻은 장애를 극복하고 자기만의 길을 씩씩하게 걷고 있습니다.

원래 미긍 주혜는 의류 쪽 일을 하며 비장애인으로 평범한 삶을 살고 있었습니다. 그러던 어느 날 시련이 찾아옵니다. 2003년에 음주운전 차량에 치이는 교통사고를 당한 겁니다. 그녀는 한 달간 뇌사 상태에 빠졌습니다. 간신히 깨어난 후에도 장애는 계속되었습니다.

뇌 손상으로 시각장애가 생기고, 오른쪽 신경이 마비되는 장애를 얻게 됩니다. 미긍 주혜는 깊은 실의에 빠졌습니다. 정신 또한 어린아이 시절로 돌아갔습니다. 뇌가 받은 타격 때문이었지요.

"다시 그림을 그리고 싶어."

이후 그녀는 재활을 위해 실로암시각장애인복지관 미술반에서 취미로 그림을 그리기 시작합니다. 그러다가 복지관의 미술반이 없어져 사설 학원에서 비장애인과 함께 그림을 배우게 되지요.

이때 또 한 번의 시련이 닥칩니다. 2011년, 미긍 주혜는 두 번째 교통사고를 당합니다. 이번에는 탈골된 오른쪽 다리를 다시 다쳐 한동

안 걷기 힘들게 되었습니다. 결정적으로 운동을 하지 못하니 오른손 마비가 다시 시작되었습니다.

그때 그녀는 많이 울었습니다. 하지만 그림을 멈출 수는 없었습니다. 마비를 이겨 내려면 계속 그림을 그려야 했기 때문입니다. 하는 수 없이 일주일에 100장씩 그림을 그려 그 시기를 극복했습니다.

미궁 주혜에게는 장애로 인한 약점이 있습니다. 시각장애 때문에 상이 기울어진 그림을 그렸으며, 상이 두 개로 겹쳐 보이기까지 했습니다. 눈에 의지해서 그림을 그려야 하는 일러스트레이터에게는 치명적인 난점이지요.

고민 끝에 그녀는 자기 눈에 보이는 모습 그대로 그리기로 했습니다. 그런 이유로 그녀의 그림은 약간 기울어져 있습니다. 현실을 받아들이고 당당하게 그림을 그리자, 오히려 단점이 어느 누구에게서도 볼 수 없는 그녀만의 개성이 되었습니다.

"그래! 내 그림은 곧 내 장점인 거야.
기울어진 그림은 나밖에 그리지
못하잖아?"

시각장애를 입고 보게 된 두 개의 세상을 그림으로 표현했다. 발달장애센터 소장.

현재 미긍 주혜는 컬처디자이너로 활동 중입니다. 컬처디자이너란, 자신의 재능과 열정을 바탕으로 묵묵히 우리 사회를 바꿔 가는 창의적 시민을 말합니다. 그녀는 그간 그렸던 일러스트를 모아 『아름다운 긍정 미긍』이라는 책도 냈습니다. 2017년에는 '장애인 작가'라는 꼬리표 대신 네이버 그라폴리오 출판서바이벌에서 886명의 창작자들과 경합을 벌이기도 했습니다. 또한 교육기관을 돌며 장애인식개선 그림 그리기 강사로 열심히 활동 중입니다.

그녀는 숨지 않습니다. 자신이 하고 싶은 그림을 과감하게 그리지요. 장애를 가진 사람도 비장애인과 함께 당당하게 사회에서 살 수 있다는 걸 보여 준 그녀는 우리 사회의 영웅입니다.

미긍 주혜만큼 불운한 사람도 드물 겁니다. 세 번이나 교통사고를 당하다니요. 그리고 교통사고 때문에 자신이 가장 좋아하는 그림조차 그리기 어렵게 되었습니다. 운명을 원망하고, 모든 걸 포기할 법한 상황입니다.

그러나 미긍 주혜는 포기하지 않았습니다. 대신 매일 그림을 그렸습니다. 그리고 기울어진 그림을 '자신만의 장점'으로 바꾸고, 스스로를 '미긍'(미친 긍정의 줄임말)이라고 부릅니다.

여러분도 본인의 단점을 오히려 적극적으로 드러내서 장점으로 만들어 보면 어떨까요? 자신의 불운과 그로 인해 얻은 장애를 오히려 자기만의 그림 스타일로 바꿔 버린 미긍 주혜처럼 말이죠.

토리야마
아키라

"만약 내가 성공이 오래 걸린다면"

일본의 만화가. 편집자 토리시마 카즈히코에게 발탁되어 만화 잡지 「소년 점프」
에서 데뷔했다. 이후 『닥터 슬럼프』와 『드래곤볼』로 엄청난 성공을 기록한다. 특
히 『드래곤볼』은 애니메이션화 되어 전 세계적인 성공을 거두며 일본 애니메이션
을 알리는 데 기여하기도 했다. 게임 시리즈 「드래곤 퀘스트」의 일러스트를 담당
했으며, 1981년 소학관 만화상을 수상했다.

인터넷 사용이 일상화되면서 많은 사람들이 웹툰을 즐겨 봅니다. 웹툰부터 학습 만화, 애니메이션까지 만화는 언제나 우리 곁에 있습니다.

그렇다면 역대 최고의 만화가는 누구일까요? 다양한 의견이 있겠지만, 일본의 토리야마 아키라를 많이들 꼽습니다. 그는 평생 단 두 편의 작품을 냈지만 그 누구보다 큰 성공을 거뒀지요. 작품성과 작품의 영향력으로도 세계 최고라고 할 수 있습니다. 그는 어떻게 성공할 수 있었을까요?

토리야마 아키라는 만화가 지망생이 아니었습니다. 어릴 때는 만화를 좋아했지만 나이가 들면서 만화에 흥미를 잃었지요. 그는 공업고등학교에서 디자인 공부를 했고, 졸업 후 디자인 회사에 취직했습니다. 하지만 회사 생활에 적응하지 못해 곧 그만두었지요.

생활고에 시달리던 그는 상금을 받기 위해 만화 공모전에 출전합니다. 입상에는 실패했지만, 대신 젊은 만화 편집자 토리시마 카즈히코의 눈에 띄었습니다. 카즈히코는 아키라에게 만화가가 되어 보자고 제안합니다.

이후 아키라는 카즈히코에게 수많은 만화를 보여 줍니다.

1년간 그린 만화만 500쪽이 넘었지요. 그러나 원고는 모두 폐기되었습니다. 카즈히코는 만화를 다 읽고 난 후 아키라가 보는 앞에서 직접 파쇄기에 원고를 갈아 버리기도 했습니다. 분함과 비통함을 이기고 아키라는 더욱 만화에 정진했습니다.

그리고 드디어 기회가 찾아옵니다. 잡지에 두 번째로 연재한 단편이 독자의 호응을 얻어 정식 연재 허가를 받은 겁니다. 인조인간 로봇을 주인공으로 한 개그 만화 『닥터 슬럼프』였습니다. 『닥터 슬럼프』는 애니메이션으로도 제작되어 기록적인 성공을 거두었고, 아키라는 만화가로는 최초로 일본 납세자 순위 10위권에 들어가게 됩니다.

아키라는 두 번째 작품으로 중국 고전 『서유기』를 패러디한 작품 『드래곤볼』을 기획합니다. 『닥터 슬럼프』가 워낙 성공한 덕분에 연재 전부터 이미 애니메이션화가 예정된 만화이기도 했지요.

그러나 초창기에 『드래곤볼』은 연재 만화 인기 순위에서 하위권을 기록할 정도로 인기가 적었습니다. 하지만 잡지사에서는 애니메이션화가 이미 결정된 작품의 연재를 쉽게 중단시킬 수는 없었습니다.

결국 카즈히코와 아키라는 뼈를 깎는 고통을 통해 개그 모험 만화였던 『드래곤볼』을 격투 만화로 변화시킵니다.

이후 『드래곤볼』은 역대 가장 성공한 일본 만화가 됩니다. 아키라가 연재를 마무리하려 하자, 일자리가 줄어드는 사태를 걱정한 일본 정부에서 연재를 계속해 달라고 부탁할 정도였지요. 이미 『드래곤볼』의 인기가 일본을 넘어 전 세계적으로 확대되어 관련 부서가 많아졌기 때문입니다.

성공한 만화가인 아키라도 처음에는 그 누구보다 힘들었습니다. 단숨에 연재를 따내지도 못했고, 500쪽이 넘는 원고가 폐기되기도 했지요. 첫 연재작도 실패였습니다. 두 번째 작품에서야 비로소 인기를 얻습니다. 세 번째 연재작도 반응이 별로였지만 힘든 과정을 거친 후 성공할 수 있었습니다.

왜 그랬을까요? 아키라를 발굴한 편집자 카즈히코는 '그의 재능이 너무 커서'였다고 말합니다. 아키라의 그림과 스토리는 개성이 넘치고 훌륭했지만, 사람들을 이해시키려면 시간이 필요했던 거지요.

"그때는 미안했네. 나는 자네의 최고작을 보고 싶었어."

사실 파쇄기에 갈아 버린 작품도 충분히 좋았다고 카즈히코는 훗날 회고했습니다. 아키라의 재능을 더 끌어내고 싶어 일부러 충격 요법을 주었던 거죠. 나중에 카즈히코는 아키라에게 사과했습니다.

이후 『드래곤볼』의 공로로 카즈히코는 일본 최대 만화 잡지 「소년점프」의 편집장을 지냈으며, 출판사 사장까지 되었습니다. 그와 함께한 토리야마 아키라는 일본 최고 만화가가 되었으니 둘 다 모두 성공한 셈이죠.

혹시 지금 고생하고 있나요? 다른 사람들처럼 빠르게 인정받지 못하고 있나요? 어쩌면 여러분의 재능이 너무 커서 사회에서 쉽게 받아들이지 못하는 것일지도 모릅니다. 정말 좋은 일은 절대로 쉽게 이루어지지 않거든요.

그러면 어떻게 해야 하냐고요? 자신을 믿고 여유 있게 기다리는 수밖에 없습니다. 연재도 하지 못하면서 500쪽이 넘는 원고를 그리고, 연재 이후에도 수많은 수정을 거친 끝에야 토리야마 아키라도 세상에서 인정받을 수 있었습니다.

지금 고생하고 있다면, 어쩌면 그만큼 특별한 재능을 갖고 있다는 증거일 수도 있어요. 오히려 더 용기를 갖고, 조금 더 하는 일에 매진해 보는 건 어떨까요?

박찬호

" 성공한 사람들의 숨겨진 노력 "

전 야구선수. 한양대학교 재학 시절 메이저 리그 스카우터에게 발탁, 1994년 한국인 최초 메이저 리그 선수가 된다. LA 다저스를 시작으로 텍사스 레인저스, 샌디에이고 파드리스, 뉴욕 메츠 등 다양한 팀을 거치며 야구선수로 활약했다. 이후 일본의 오릭스 버팔로스와 한국의 한화 이글스에서 활약하다가 2012년에 은퇴했다. JTBC 야구 해설위원, KBO 국제홍보위원 등으로 다양한 활동 중이다. 한국인 최초 메이저 리그 100승 투수이다.

미디어가 발달하면서 누구나 성공한 사람들의 일거수일투족을 볼 수 있습니다. 그들의 화려한 생활을 보면 내 생활은 초라해 보입니다. 남들은 재능을 타고나거나 운이 좋아 멋진 생활을 하는데, 나는 왜 이럴까 싶은 마음도 들지요.

특히 운동선수는 타고난 몸과 재능을 가진 천재들이 하는 일 같습니다. 강력한 구속(공의 속도)으로 한국인 최초로 메이저 리그에 진출한 박찬호라면 두말할 것도 없겠지요. 그는 태어날 때부터 야구를 잘한 천재인 것 같습니다. 하지만 그의 화려한 성공 뒤에는 피나는 노력이 있었다고 합니다.

박찬호는 대학 시절까지 눈에 띄는 선수가 아니었습니다. 제구력이 좋지 않았기 때문이죠. 그는 동갑내기 야구선수인 연세대의 임선동, 고려대의 조성민에 밀려 관심받지 못하는 선수였습니다.

미국에 가서도 영어 실력이 달려 의사소통하는 데 어려움을 겪었습니다. 자기소개도 버거울 정도였지요. 협업은커녕 훈련 참여도 쉽지 않았습니다.

그는 소심한 성격의 새가슴이기도 했습니다. 잘 던지다가도 한번 무너지면 끝없이 실점하곤 했지요. 고등학교 때부터 선배들이 그의 유약함을 걱정할 정도였습니다.

많은 단점을 가지고도 박찬호는 한국 역사상 최고의 투수가 되었습니다. 부단한 노력 덕분이었습니다.

그는 자신의 장점을 살리기 위해 노력했습니다. 그의 장점은 한국 최고로 빠른 공을 던질 수 있다는 것이었지요. 한국에서는 그리 유명한 선수가 아니었지만, 이 재능 덕분에 유니버시아드 대회에서 우연히 스카우터의 눈에 들어 메이저 리그 중 하나인 LA 다저스에 입단할 수 있었던 겁니다.

하지만 빠른 공을 던질 수 있다는 재능만으로는 메이저 리그에 적응할 수 없었습니다. 그런 재능을 가진 선수는 많았으니까요. 박찬호는 선수로 데뷔하자마자 크게 실점하며 마이너 리그로 강등되었습니다. 구속을 살리기 위해 커브를 배우고, 공을 원하는 곳에 던질 수 있는 능력을 키우는 등 다양한 연구를 한 후에야 팀을 대표하는 투수가 될 수 있었습니다.

그는 언어도 열심히 공부했습니다. 처음 미국에 갔을 때에는 자기소개만 간신히 할 만큼 영어를 잘하지 못해 억울하게 싸움에 휘말려 징계를 받기도 했지요. 하지만 모두에게 큰 기대를 받고 있던 박찬호는 도망칠 수 없었습니다.

"그래, 내가 먼저 다가가 보는 거다. 팀의 일원이 되자!"

박찬호는 통역을 사양하고 영어 공부를 시작했습니다. 사람들이 마늘 냄새를 싫어하자 한식을 끊고 양식만 먹었을 정도로 소통에 몰입했지요. 자신을 극한 상황으로 내몰아 영어 공부에 집중한 끝에 결국은 영어를 제2의 모국어처럼 사용할 수 있게 되었습니다. 심지어 히스패닉 선수들과의 소통을 위해 스페인어까지 배웠지요. 덕분에 그는 해외에서도 팀의 일원이 될 수 있었습니다.

　마지막으로 그는 담력과 정신력을 키웠습니다. 공동묘지에서 야구 연습을 했고, 지하철 잡상인도 해 봤습니다. 다양한 노력 끝에 강한 담력과 정신력으로 무장한 그는 위험한 상황을 극복해 내는 강인한 야구선수가 될 수 있었습니다.

　박찬호는 LA 다저스에서 1선발로 활약했습니다. 한국인 최초로 메이저 리그 100승을 거두기도 했지요. 이후 일본과 한국에서의 선수 생활을 거쳐, 현재는 KBO 국제홍보위원으로 활동하고 있습니다.

　박찬호는 한국 역사상 최고의 스포츠 스타 중 하나입니다. 약점이 많았던 사람이 성공한 것이지요. 그를 최고의 자리로 이끈 건 재능이 아닌 노력이었습니다.

성공은 남들이 보면 달콤해 보이기만 합니다. 하지만 모든 성공 뒤에는 그 대가가 있습니다. 피나는 노력이 바로 그것이지요. 백조가 편안해 보이지만 물속에서는 거칠게 물갈퀴를 젓듯이, 성공해서 편하게 사는 것 같은 사람들의 이면에는 끊임없는 노력이 있었습니다.

지금 부족하다고 좌절할 필요는 없습니다. 중요한 것은 지금 모습이 아닌 성실한 노력입니다. 얼핏 보기에는 편하게 성공했을 것 같은 사람들도 모두 뼈를 깎는 노력 끝에 그 자리에 설 수 있었던 것이니까요.

양향자

"상고 출신 직원에서 상무까지"

정치인이자 전 기업인. 광주여자상업고등학교를 졸업한 후, 삼성에 입사하여 독학으로 한국디지털대학교 인문학 학사 및 성균관대학교 대학원 전기전자컴퓨터공학 석사 학위를 받았다. 삼성전자 메모리사업부 연구원을 거쳐 메모리사업부 플래시개발팀 상무로 활동하다가, 2016년 더불어민주당에 입당했다. 2016년부터 더불어민주당 최고위원으로 활동 중이다.

한 신인 정치인이 화제가 되었습니다. 독특한 이력 덕분이었습니다. 그녀는 상업고등학교를 나왔습니다. 그리고 대한민국에서 가장 큰 기업에서 상무가 되었습니다. 기혼 여성에, 전라도 출신에, 상업고등학교를 나온 사람이 말입니다.

정치 출사표도 화제였습니다.

"학벌의 유리천장, 여성의 유리천장, 출신의 유리천장을 깨기 위해 모든 것을 다 바쳐 노력했습니다. 하지만 '나처럼 노력하면 된다'고 말하고 싶지 않습니다. 오늘을 열심히 살면 정당한 대가와 성공을 보장받을 수 있는 사회를 만들어야 합니다. 스펙은 결론이 아닌 자부심이어야 합니다."

그녀의 이름은 양향자입니다.

그녀의 이야기가 가슴을 울리는 이유는, 그녀가 세상에 존재하는 다양한 차별을 이겨 내고 성공했기 때문입니다. 그녀는 자신처럼 성공하라고 말하고 싶지 않다고 했습니다. 세상은 더욱 나아져야 하고, 차별은 줄여야 한다고 말합니다.

그럼에도 그녀의 성공 비결에 궁금증이 생깁니다. 대체 그녀는 어떻게 많은 난관을 뚫고 성공할 수 있었을까요?

양향자는 상업고등학교를 졸업했습니다. 위독했던 아버지는 일찍 세상을 떠났고, 어머니는 과자 공장에서 일하느라 자식들을 돌볼 여유가 없었습니다. 집안 형편은 어려웠고, 일하러 나간 어머니를 대신해 소녀 양향자가 가장 노릇을 했습니다.

그녀는 19세에 삼성전자에 입사합니다. 직위는 '연구보조원'이었습니다. 외국 박사 출신이 가득한 연구실에서 그녀는 커피를 타는 보조 여직원에 불과했습니다. 사람들은 그녀를 없는 사람 취급했습니다. 심부름 좀 하다가 나갈 사람이라고 생각했던 거지요.

양향자는 뛰어넘을 수 없는 현실의 벽에 부딪혔습니다. 그러나 주저앉지 않고 '자신을 없는 사람 취급하는 대졸자들, 박사들이 무엇을 필요로 할까'를 끊임없이 고민했습니다.

답은 일본어였습니다. 당시만 해도 삼성전자는 일본의 기술을 배우는 입장이었습니다. 엔지니어들은 대개 일본어 책을 보고 공부했습니다.

이거다 싶어 양향자는 일본어를 공부했습니다. 그녀는 하루에 14시간씩 일하면서 일본어를 공부했고, 노력 끝에 사내 일본어 학습반에서 가장 먼저 일본어 자격증을 땄습니다. 이후로 동료들이 줄을 서서 그녀에게 기술 서적 번역을 요청하기 시작했습니다.

양향자는 연구원들의 자료를 밤새워 번역했습니다. 그러면서 자연스럽게 반도체 공부를 하게 된 덕에 사내에서도 손꼽히는 반도체 전문가가 되었습니다. 양향자는 여기에 만족하지 않고 사원들을 교육하려고 만든 사내 대학을 졸업하고, 성균관대학교 대학원에서 전기전자컴퓨터공학 석사 학위를 받았습니다.

양향자는 메모리 설계 전문가로 활동하다가 제품설계 자동화 시스템을 추진한 성과를 인정받아 입사 28년 만에 상무 자리에 오릅니다. 일반적인 코스보다 1년 빠른 승진이었지요.

이후에 그녀는 후배 여성들의 사회 참여를 돕기 위한 활동을 하면서, 여성 직장인들의 멘토 역할을 자처했습니다. 정치에 입문해서는 일하는 여성의 인권 향상을 위한 활동에도 열심이지요. 후배들은 본인보다는 조금 더 정의로운 세상에서 일할 수 있도록 그녀는 오늘도 노력 중입니다.

노력만으로는 성공할 수 없습니다. 성공을 위해서는 노력의 방향이 중요합니다. 양향자는 노력하기에 앞서 사람들이 가장 필요로 하는 기술이 무엇일지 고민하며 찾았습니다. 바로 '일본어'와 '반도체'였습니다. 이후 그녀는 일본어와 반도체 기술을 익히기 위해 누구보다 많은 노력을 했지요.

진로와 진학도 마찬가지입니다. 상대방 입장에서 생각해 봐야 합니다. 대학교는 어떤 학생을 원할까요? 회사는 어떤 사원을 뽑고 싶을까요? 이 질문에 대한 대답을 찾으려 노력한다면 어디에서든 쓸모 있는 사람이 될 수 있을 것입니다.

스티븐 스필버그

"낙제생의 화려한 부활"

~~~~~~~~~

미국의 영화감독 겸 제작자. 1971년 TV 영화 「듀얼」로 감독 일을 시작했다. 1975년 영화 「죠스」로 큰 성공을 거두었고, 이후 「이티」 「인디아나 존스」 「쉰들러 리스트」 「라이언 일병 구하기」 등의 작품을 발표하며 흥행과 작품성을 모두 잡은 스타 감독이 되었다. 제작자로도 활발하게 활동해 「백 투 더 퓨처」 「맨 인 블랙」 「트랜스포머」 등의 영화를 만들었다. 1994년과 1999년에 「쉰들러 리스트」와 「라이언 일병 구하기」로 아카데미 시상식에서 감독상을 수상했다.

스티븐 스필버그는 미국 할리우드 영화계를 대표하는 감독입니다. 「죠스」「쥬라기 공원」 등의 영화를 통해 할리우드 블록버스터 시스템을 만들었습니다. 또한 「쉰들러 리스트」「에이 아이(A.I.)」「링컨」 등 작품성 있는 영화를 통해 감독으로서 신뢰도 쌓았지요. 미국의 국가 대표 감독이라고 말할 수 있을 것입니다.

그러나 스필버그의 학창 시절은 외로웠습니다. 그는 전통 유대인 집안에서 태어났습니다. 그 당시만 해도 유대인에 대한 미국 사회의 대우는 좋지 않았습니다. 어린 스필버그는 자신의 집안 환경을 부끄러워할 수밖에 없었습니다.

설상가상으로 스필버그는 글을 읽기 어려운 증세인 난독증이 있었습니다. 선생님이 교과서를 읽어 보라고 지명하면 제대로 읽지 못했지요. 이런 일이 반복되면서 스필버그는 학교에서 놀림감이 되었습니다.

불우한 환경에서 스필버그가 찾아낸 취미는 영화였습니다. 스필버그는 12세 때 보이스카우트 배지를 얻고 싶어 단편영화를 제작합니다. 자기를 놀리던 아이들도 영화에 출연시켜 주니 친구가 되었습니다. 이후 스필버그는 영화에 모든 열정을 쏟아부었습니다. 학교를 다니면서 시간을 쪼개 모험 영화, 전쟁 영화 등 수많은 영화를 찍었습니다. 16세 때에는 500달러를 들여 독립영화를 찍어 동네 극장에서 상영해 돈을 벌기도 했었지요.

영화감독을 꿈꿨던 스필버그는 아버지와 함께 캘리포니아로 갑니다. 오로지 영화감독이 되기 위한 일념 하나 때문이었습니다. 스필버그는 영화 학교로 가장 이름이 알려진 서던캘리포니아대학교(USC)에 지원했지만 낙제했습니다. 난독증이 있는 데다 영화 찍는 데 집중하느라 학교 성적이 안 좋았기 때문이지요. 대신 스필버그는 캘리포니아주립대학교 롱비치캠퍼스 영화학과에 입학했습니다.

"난 영화를 만드는 사람이야. 내 가치는 내가 다니는 대학이 아니라 내가 앞으로 만드는 영화가 만들어 주는 거야."

입시에서는 실패한 그였지만, 그의 영화 인생은 이때부터 꽃피기 시작했습니다. 스필버그는 대학생 시절부터 유니버설 스튜디오에서 인턴으로 편집 일을 했습니다. 영화 제작자는 스필버그에게 단편영화 연출을 제안합니다. 스필버그는 대학교를 중퇴하고 유니버설 스튜디오에서 TV 드라마와 영화 연출을 시작합니다.

다양한 작품을 통해 서서히 인정받기 시작한 스필버그는 추격전을 다룬 TV 영화 「듀얼」을 통해 영화감독으로 인정받습니다. 그리고 최초의 블록버스터 영화 「죠스」를 계기로 할리우드를 지배하는 감독이 됩니다. 이후 「인디아나 존스」 「쥬라기 공원」 「쉰들러 리스트」 「라이언 일병 구하기」 등 수많은 영화를 성공시키며 영화계 최고 감독으로 자리매김했습니다.

스필버그의 일화는 실패를 대하는 가장 멋진 대응법을 보여
줍니다. 좌절하는 대신 실패를 뛰어넘어 더 잘되는 것입니다.

지금도 서던캘리포니아대학교는 영화계 최고의 대학입니다. 하지만
스필버그는 서던캘리포니아대학교의 수많은 감독들보다 더 유명한
세계적인 영화감독이 되었습니다.

현재도 스필버그는 감독으로, 또 제작자로 활발하게 활동 중입니
다. 할리우드 영화계에 누구보다 큰 족적을 남기면서 말이죠.

간절히 바라지만 자신이 원하는 학교 또는 회사에 들어가지 못하는 경우가 많습니
다. 어디든 들어갈 수 있는 사람의 수는 한정되어 있으니까요. 여러분 또한 원하는
곳을 가지 못하는 아픔을 겪게 될 수도 있습니다. 미래에 그런 일이 닥친다면 어떻게
해야 할까요?
스필버그는 자신이 원하는 대학교에 지원했다가 낙제했습니다. 그러나 낙담하지 않
고 그 대학 출신 누구보다도 더 열심히 영화를 만들었습니다. 세상에 모든 시험을
깔끔하게 통과하는 사람은 없습니다. 반드시 어느 순간엔가 한 번쯤은 실패를 경험
하게 됩니다. 그때 더 노력한다면 실패 또한 성공을 위한 좋은 발판이 될 수 있습니
다. 명문 대학교 진학에는 실패했지만, 세계적으로 이름을 떨치는 훌륭한 감독이 된
스티븐 스필버그처럼 말이죠.

"다 버려서 이룩한 성공"

기업인. 서울대학교 컴퓨터공학 학사와 카이스트 대학원 전산학 석사 학위를 받았다. 삼성SDS에 입사하여 내부 창업 프로젝트로 검색엔진을 시작한다. 이후 1999년 네이버를 설립했고, 2001년 NHN 공동대표이사를 시작으로 NHN 이사회 의장, 라인 회장 등의 자리에 있으면서 네이버와 라인을 세계적인 인터넷 기업으로 성장시켰다. 2012년에는 「포춘」지가 선정한 '아시아에서 가장 주목받는 기업인 25명'에 선정되었다.

메신저 '라인'이 미국과 일본에서 상장하고, 동남아시아의 메신저 시장을 얻어 세계 굴지의 메신저 서비스로 성장했습니다. 라인과 네이버는 같은 창립자가 설립한 형제 회사입니다. 네이버만 해도 2016년 기준, 코스피 시장에서 국내 시가 총액 6위의 기업입니다.

라인과 네이버의 성공 뒤에는 네이버 글로벌투자책임자이자 라인의 회장인 이해진이 있습니다. 이해진은 IT 분야에서 한 번도 어렵다는 성공을 두 번이나 이룬 사람입니다. 그는 대체 어떤 사람일까요?

이해진은 어렸을 때부터 반듯한 모범생이었습니다. 삼성생명 사장을 지낸 아버지 밑에서 남부럽지 않은 환경에서 자랐습니다. 서울대학교에서 컴퓨터공학 학사, 카이스트 대학원에서 전산학 석사 학위를 받은 후, 1992년에 삼성SDS에 입사했지요. 그야말로 미래가 보장된 엘리트였던 셈입니다.

그러나 그는 이 모든 것을 버리고 백지에서 다시 시작합니다. 삼성SDS에서 소사장으로 운영했던 사내 벤처를 기반으로 독립한 것입니다. 이 사내 벤처의 이름은 '네이버'였습니다.

그러나 검색 시장은 쉽지 않았습니다. 경쟁자들은 강했고 돈도 되지 않았지요. 하는 수 없이 이해진은 살아남기 위해 게임 회사 '한게임'과 합병을 선택합니다. 한게임의 리더는 서울대학교 동창이자 삼성SDS 동기이기도 했으며, 후에 카카오를 설립한 친구 김범수 의장이었습니다. 둘은 공동대표 체제로 네이버를 이끌었습니다.

한게임은 게임으로 큰돈을 벌었습니다. 네이버는 그 돈을 검색 기술 개발에 투자했습니다. 이후 네이버는 지식iN, 콘텐츠 검색, 한글 검색 DB 등으로 검색 시장을 석권합니다. 2002년에 네이버는 주식 시장에서 상장했으며, 2005년에는 마침내 포털 1위를 달성했지요. 승리에 취해도 이상하지 않을 정도의 큰 성공이었습니다.

그럼에도 그는 다시금 백지에서 시작하는 길을 택합니다. 일본으로 넘어가 해외 사업을 시작한 것입니다. 인터넷은 국제화되지 않으면 의미가 없다는 생각 때문이었습니다.

네이버는 이미 2000년부터 해외 시장 진출을 시도했지만 번번이 실패했습니다. 이해진과 핵심 인력들이 해외 사업에 집중한 이후에도 결과는 마찬가지였습니다. 폐쇄적인 일본의 IT 문화에서 외국 기업이 할 수 있는 일은 적었지요. 그러나 그는 포기하지 않았습니다.

"비전은 고집입니다. 고객 입장에서 생각해 보죠. 일본 고객은 무엇을 좋아할까요?"

그렇게 일본 취향에 맞춘 메신저 '라인'이 나왔습니다. 만화 캐릭터를 좋아하는 일본 문화에 착안하여 이모티콘 스티커에 집중한 것이 주효했습니다.

라인은 대단한 성공을 거둡니다. 한국에서 '카카오톡'이 스마트폰 앱의 대명사가 된 것처럼, 일본에서는 '라인'이 스마트폰 앱의 대명사가 되었습니다. 현재 라인은 일본뿐만 아니라 동남아시아와 대만을 넘어 이제는 스페인에서까지 사용 중입니다.

　이해진은 삼성이라는 보장된 직장을 버리고 창업의 길을 택했습니다. 또한 네이버의 성공을 깨끗이 잊고 다른 나라에서 새로운 사업을 시작했습니다. 덕분에 어려움을 겪기도 했지만 결국에는 성공을 증명했습니다.

　이해진이 성공한 이유는 그가 가진 것이 많아서가 아니었습니다. 오히려 가진 것을 필요로 할 때마다 거리낌 없이 버렸기 때문이었습니다.

누구나 위험을 피하고 싶어 합니다. 아무것도 보장되지 않은 요즘은 더욱 안전한 길로만 가고 싶어 하지요.

하지만 모두가 가려고 하는 안정적인 선택은 독이 됩니다. 위험이 닥쳤을 때 안정적인 직장에서 보호받던 사람에게는 대처할 능력이 없기 때문입니다.

위험을 피하는 게 답이 아닙니다. 버릴 때는 과감하게 버리고 백지에서 시작하는 것이 현명한 선택일지도 모릅니다. 모두가 보장된 성공을 누릴 때마다 과감하게 백지에서 다시 시작해 더 큰 성공을 이룬 이해진처럼 말이죠.

마이크
모하임

" 즐거운 게임을 만들기 위한 고난 "

미국의 기업인이자 게임 개발자. 1991년 동창 앨런 애덤스 등과 함께 게임 제작 회사 '실리콘 앤드 시냅스'를 공동 창업했으며, 후에 회사명을 '블리자드 엔터테인 먼트'로 바꾼다. 블리자드를 통해 「워크래프트」 「디아블로」 「스타크래프트」 「월드 오브 워 크래프트」 등 히트작을 발표했다. 현재는 게임 개발 일선에서 물러나 최 고경영자 겸 회장으로 있다. 기술공학 에미상과 게임계의 아카데미상으로 불리는 AIAS에서 공로상을 수상했다.

게임 하면, '블리자드'의 게임들을 빼놓을 수 없습니다. 「스타크래프트」를 시작으로 「디아블로」 「워크래프트」 「월드 오브 워크래프트」, 최근의 「오버워치」까지 한국 게이머들은 유독 블리자드 게임에 열광하는데, 블리자드는 어떻게 만들어졌을까요?

마이크 모하임은 어린 시절부터 게임을 즐기던 소년이었습니다. 그는 12세 때 용돈을 모아 '발리 프로페셔널 아케이드'라는 콘솔 게임기를 구입했습니다. 그러나 그는 게임을 하는 데 그치지 않고 게임을 만드는 데 빠졌지요.

"이 게임으로는 뭔가 부족해. 더 재미있는 게임을 만들 수는 없을까? 그러려면 뭘 공부해야 하지?"

마이크 모하임은 게임기를 분해하여 뜯어보고, 프로그래밍 언어를 살펴봤습니다. 또한 게임 뉴스레터를 구독하여 프로그래밍을 공부했지요. 인터넷도 없던 시절에 그는 할 수 있는 최선의 정보를 모아 비록 초보 수준이었지만 열정적으로 게임을 프로그래밍해서 만들곤 했습니다.

마이크 모하임은 공부도 열심히 해서 노력 끝에 캘리포니아대학교 로스앤젤레스캠퍼스(UCLA) 전기공학과에 입학했습니다. 대학에서 그는 일생일대의 인연을 만납니다. 게임을 만들고 싶어 하던 친구이자 후에 블리자드의 부사장이 된 앨런 애덤스와 프랭크 피어슨을 만난 겁니다. 셋은 1991년 '실리콘 앤드 시냅스'라는 회사를 세웁니다.

처음에 실리콘 앤드 시냅스는 다른 회사로부터 게임 주문을 받아 대신 게임을 만들어 주는 회사였습니다. 어떻게든 회사의 이름을 걸고 「로스트 바이킹」이라는 게임을 자체 제작도 해 봤지만 막상 돈을 벌기는 쉽지 않았습니다. 마이크 모하임은 자기 신용카드로 돈을 뽑아 직원 월급을 주기도 하고, 심지어 회사 권리를 잠시 다른 회사에 팔면서까지 힘들게 버텼습니다.

그러다가 어려운 시기를 넘길 기회가 찾아옵니다. 판타지 전쟁 게임 「워크래프트2」가 큰 성공을 기록한 거지요. 특히 컴퓨터와 사람의 대결보다 사람 사이의 경쟁과 대결에 집중한 게 게임 유저들에게 잘 먹혀들었습니다. 이 경험을 토대로 마이크 모하임은 더욱 대담한 게임을 구상합니다. 바로 공상과학 무대를 배경으로 만든 전략 시뮬레이션 게임 「스타크래프트」였습니다.

「스타크래프트」가 거의 다 완성되어 갈 무렵, 그는 자신이 참여한 행사에서 또 다른 전략 시뮬레이션 게임 「토탈 어니힐레이션」을 보고 충격을 받습니다. 모든 면에서 「스타크래프트」보다 뛰어났기 때문입니다. 고민 끝에 마이크 모하임은 처음부터 게임을 다시 만들기로 합니다.

"내가 납득할 수 없는 게임을 시장에 내놓을 수는 없습니다. 다시 시작합시다. 더 재미있는 게임을 만들어 봅시다."

고생 끝에 다시 태어난 「스타크래프트」는 큰 성공을 거둡니다. 특히 마이크 모하임이 직접 지휘한 '배틀넷' 시스템의 영향력이 대단했습니다. 가상의 인터넷 공간에서 다른 유저와 실력을 겨루는 이 시스템에 많은 이들이 열광했지요.

현재 마이크 모하임은 게임 개발 현장에서 물러나 경영에 집중하고 있습니다. 대신 게임 유저의 의견에 귀 기울이고, 게임 개발자들의 처우를 개선해 그들이 즐거운 환경에서 게임을 만들 수 있도록 하는 데 집중하고 있지요. 어린 시절부터 꿈꿨던 '더 재밌는 게임'을 만드는 꿈을 지금도 이루기 위해 노력하고 있는 셈입니다.

게임을 좋아하는 사람들이 많지요? 그 가운데 현재 하는 게임에 만족하지 못하고 "더 재밌게 좀 만들지." 하고 불만을 표현하는 사람들도 많을 겁니다. 하지만 "더 재밌는 게임을 만들려면 어떻게 해야 할까?"라고 고민하는 사람들은 얼마나 될까요? 어린 시절부터 게임을 좋아했던 마이크 모하임은 적극적으로 더 나은 게임을 만들기 위해 공부했습니다. 학교에서도 같은 꿈을 가진 친구를 만나 뜻을 모아 게임 회사를 창업했고요.

누구나 좋아하고 즐겨 하는 일이 있습니다. 그렇다면 이제부터라도 즐기는 데 그치지 말고 더 나아갈 방법을 고민해 보면 어떨까요? 적극적으로 고민하고 참여하다 보면 즐겁게 취미를 하면서 일하는 길이 열릴지도 모릅니다. 더 나은 게임을 만들기 위해 노력한 끝에 게임이 직업이 된 마이크 모하임처럼 말이죠.

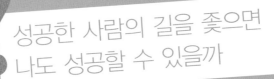

성공한 사람의 길을 좇으면
나도 성공할 수 있을까

내 방식대로
나만의 길을 개척한 인물들의 이야기

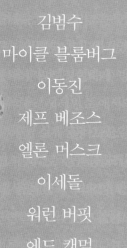

김범수

마이클 블룸버그

이동진

제프 베조스

엘론 머스크

이세돌

워런 버핏

에드 캣멀

나만의 성공 만들기

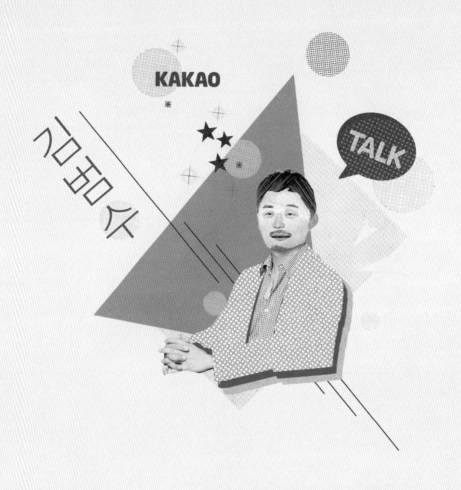

KAKAO

TALK

김범수

"나는 나밖에 될 수 없다"

~~~~~~~~

기업인. 서울대학교에서 산업공학을 전공했으며, 졸업 후 삼성SDS에서 일하다가
게임 회사 '한게임'을 창업했다. 한게임은 한국 최초 게임 포털사이트로 크게 성공
한다. 2000년 네이버와 함께 회사를 합쳐 NHN이라는 한국 최대의 인터넷 기업
을 탄생시켜 공동대표를 지냈다. 이후 퇴사하여 3년간의 휴식을 가진 후, 국내 최
대 메시징 앱 '카카오톡'을 만든다. 현재 '카카오'의 의장이다.

김범수는 대부분의 사람들이 사용하는 스마트폰 메신저 앱 카카오톡의 창시자입니다. 그가 설립한 회사 카카오는 가장 창의적인 기업이면서도 매출과 규모에서 대기업과 어깨를 나란히 하는 회사입니다. 가난한 집의 '흙수저'로 태어나 전례 없는 성공을 거둔 셈이지요.

김범수는 가난한 집안에서 어렵게 자랐습니다. 아버지는 막노동으로, 어머니는 지방에 머물며 식당 일을 하면서 생계를 꾸렸지요. 힘들게 돈을 모아 겨우 장만한 정육점이 망한 후 집안 사정은 급격하게 어려워졌습니다.

평소 김범수는 노는 걸 좋아했습니다. 하지만 집안이 어려워지자 공부만이 해법이란 것을 깨달았습니다. 김범수는 마음이 흐트러질 때마다 혈서를 쓰며 공부했습니다. 하지만 오랜 기간 차근차근 실력을 다진 공부가 아니었습니다. 정신력만 가지고는 한계가 있었지요.

"남들이 하는 식으로는 안 되겠어. 내 방식대로 해 봐야지."

그는 '자신만의 방식'으로 공부하기 시작했습니다. 학교에서 돌아오면 일단 잠을 자서 새벽에 일어나 그때부터 학교에 갈 때까지 공부했습니다. 모두가 잠든 새벽에는 어수선한 집안 분위기에 신경 쓰지 않고 공부할 수 있었지요. 어려운 환경이었지만 본인만의 방식으로 공부하는 법을 터득한 셈입니다.

김범수의 이런 노력이 빛을 봐서 그는 재수 끝에 서울대학교 산업 공학과에 합격했습니다. 예전부터 게임을 즐겼던 그는 합격하자마자 놀기 좋아하는 원래 모습으로 돌아갔습니다. 특히 화투와 당구 등 잡기에 빠져 수업은 뒷전이었습니다. 얼마 후 한국에 PC방 열풍이 불었습니다.

당시 대기업 회사원이었던 김범수는 화투와 당구에서 느꼈던 재미를 컴퓨터에 옮겨 보기로 합니다. 온라인 게임 회사 '한게임'을 시작한 겁니다.

간단한 보드게임을 위주로 만든 온라인 게임 사이트 한게임은 5개월 만에 300만 명의 사용자를 모을 정도로 빠르게 성공했습니다.

한게임은 온라인 게임 회사에서 멈추지 않았습니다. 당시 네이버는 검색엔진 시장에서 고전하고 있었습니다. 국내 검색엔진 시장은 다음(Daum)이 장악하고 있었고 야후, 구글 등 외국 업체의 도전도 엄청났습니다. 네이버에는 IT 시장에서 가장 강력한 재밋거리인 '온라인 게임'의 도움이 필요했습니다. 네이버는 한게임과 합병하고 엔에이치엔(NHN)으로 상호명을 변경합니다. 이후 김범수는 NHN의 대표이사로서 회사를 이끌었습니다.

네이버가 성공하는 데는 온라인 게임의 힘이 컸습니다. 초기에 검색 포털사이트는 돈을 벌지 못했습니다. 한게임이 든든하게 돈을 지원한 덕에 네이버는 검색 기술에 투자할 수 있었습니다. 지금의 네이버가 있기까지 한게임이 큰 역할을 한 셈입니다.

점점 회사 규모가 커지면서 대기업이 된 네이버에 적응할 수 없었던 김범수는 돌연 대표 자리를 그만두고 3년간 아무 일도 하지 않고 마음껏 쉽니다. 그사이 한국에 아이폰이 출시되었습니다.

김범수는 아이폰에 깊게 매료되어 다시 일을 해 보기로 마음먹습니다. 함께 일할 동료도 모았지요. 그렇게 모인 팀이 함께 만든 앱이 바로 '카카오톡'입니다.

이후 그는 모두가 알다시피 다시 한 번 전설이 되었습니다. 모바일 시대의 소통을 장악한 카카오톡은 한국에서 가장 많이 쓰이는 스마트폰 앱이 됩니다. 이후 카카오는 카카오톡에 게임을 붙이고, 물건을 파는 등 다양한 시도를 하며 스마트폰 시장을 주도하고 있습니다.

공부든 일이든 '정답'이 있다고 믿지는 않나요? 남이 성공한 방법을 똑같이 따라하면 나도 같은 성공을 할 수 있다고 믿는 거지요.
그러나 김범수의 인생은 다른 사람들과 달랐습니다. 공부도, 일도 남들과는 다르게 접근해 자기만의 방식으로 살았습니다. 그 누구와도 달랐지만, 김범수와 가장 잘 맞는 방식이었습니다.
여러분도 정답을 찾기보다는 나만의 해법을 찾아보면 어떨까요? 공부도, 일도, 사업도 자신만의 정답을 만들며 성공 신화를 만들어 나간 김범수처럼 말이죠.

마이클 블룸버그

"흙수저의 해답은 창조"

미국의 기업인이자 전 정치인. 금융회사 살로먼 브라더스에서 증권거래 중개인을
하다가 1981년 블룸버그 통신을 설립해 금융 정보 플랫폼 '블룸버그 터미널' 등으
로 크게 성공한다. 2001년에는 공화당 소속으로 뉴욕 시장 선거에 출마하여 당선
되었고, 2013년까지 3선에 성공하며 뉴욕 시장을 역임했다. 현재 UN 도시 및 기
후변화 부문 특사, 세계보건기구 글로벌 대사로 활동 중이다.

마이클 블룸버그는 성공한 금융인이자, 언론사 사주, 그리고 뉴욕 시장을 지냈던 정치인입니다. 무일푼의 이민자 집안에서 태어나 거둔 성공이지요. 진정한 '아메리칸 드림'을 이룬 그의 성공 비법은 무엇이었을까요?

마이클 블룸버그는 평범한 러시아 이민자 집안에서 태어났습니다. 어릴 때부터 공부를 잘했던 그는 존스홉킨스대학교에서 전자공학을 전공했고, 이후 하버드대학교 경영대학원에서 경영학 석사 학위를 받았습니다. 졸업 후에는 미국의 금융 시장으로 뛰어듭니다. 투자 은행에서도 그는 초고속으로 승진했습니다.

그러나 성공은 오래가지 못했습니다. 금융업은 빠르게 성공하는 만큼 수명이 짧았기 때문이지요. 블룸버그는 다니던 회사가 합병되면서 해고됩니다. 마흔도 되지 않은 나이에 겪은 좌절이었습니다.

'이제 무엇을 해야 하지? 아직 일해야 할 시간이 많은데. 내가 가장 잘할 수 있는 일이 뭘까?'

고민 끝에 블룸버그는 여태껏 해 왔던 일과 다른 길을 가기로 결심합니다.

그는 금융 시장을 바꿔 버릴 발명품을 준비했습니다. 금융업에 종사하면서 겪었던 문제점을 해결하기 위해서였지요. 그 당시만 해도 금융은 똑똑한 소수 부자들을 위한 일이었습니다. 은행가들이 하는 일이란 상류층의 돈을 관리해 주는 일뿐이었지요. 블룸버그는 금융

시장이 바뀌고 있음을 느꼈습니다. 보통
사람들도 재산을 늘리기 위해 투자하는

시대가 올 거라고 판단한 거지요.

　그렇게 되면 전 세계의 금융 종사자들이 볼 수
있는 고급 금융 정보가 필요해질 것입니다. 그렇다고
TV나 신문에 나오는, 누구나 접할 수 있는 대중을 위한
정보만으로는 부족했습니다. 이 틈을 블룸버그는 포착
했습니다.

　그렇게 등장한 발명품이 바로 '블룸버그 터미널'입니다. 직원 한 명
을 고용하는 데 드는 비용만큼 값비싼 단말기지만 금융 회사라면 반
드시 하나쯤은 보유한 인기 상품이지요. 컴퓨터 기술을 통해 기업의
재무 지표 및 각종 경제 정보를 전달하는 기계입니다.

　금융 종사자의 반응은 폭발적이었습니다. 다들 연간 3~4천만 원
의 큰돈을 내면서 기꺼이 블룸버그 터미널을 사용했습니다. 보기 좋
고 다루기 좋은 투자 정보에 모두가 목말라 있었던 거지요. 이 제품
하나로 블룸버그는 금융계를 재패합니다. 블룸버그는 세계 최고의
부자가 되었습니다.

　큰 성공 이후 그는 또 하나의 도전을 했습니다. 뉴욕 시장에
출마한 거지요. 기업을 운영하며 얻은 경험을 뉴욕 시 경영에
활용해 보기로 한 겁니다.

블룸버그는 본래 뉴욕에서 큰 세력을 가졌던 민주당을 이겨 내고 공화당 출신으로서 2001년, 시장에 당선되었습니다. 시장직에 있으면서도 270만 달러의 연봉을 거부하고 대신 상징적으로 1달러의 연봉만을 받았습니다.

이후 그는 뉴욕 시장을 두 번 더 지내고 다시 회사로 돌아왔습니다. 그리고 블룸버그 터미널을 새로운 방식으로 발전시켜 여전히 금융 시장에서 독보적인 존재로 자리매김을 하고 있습니다.

새로운 일을 한다는 건 두렵고, 힘들기도 합니다. 남들이 만든 길을 따라가기가 훨씬 쉬워 보입니다. 그래서 우리는 안정적인 일을 바랍니다. 하지만 안정적인 일 역시 없어지기도 합니다. 바로 기술 발전 때문입니다. 계산기가 만들어진 후에 계산을 빠르게 하는 사람들 직업이 사라진 것처럼 말이죠.

하지만 기술 발전 때문에 직업이 없어지는 시대에도 기회는 항상 존재합니다. 새로운 기술이 생기면서 새로운 문제도 발생하니까요. 그 문제를 해결하는 방법을 고안한다면 새로운 기술의 등장은 엄청난 기회가 되기도 합니다. 지금부터라도 일상생활에서 느끼는 사소한 불편함에 관심을 가져 보면 어떨까요? 금융 시장의 미묘한 문제를 포착하고 이를 해결해 큰 성공을 거둔 마이클 블룸버그처럼 말이죠.

이동진

"안정된 승진을 마다하고 만든
새로운 커리어"

영화 평론가. 1993년부터 2006년까지 「조선일보」에서 영화 담당 기자로 활동했다. 2006년부터 2011년까지 네이버와 함께 1인 미디어 '이동진닷컴'을 운영했다. 『길에서 어렴풋이 꿈을 꾸다』 『이동진의 부메랑 인터뷰 그 영화의 비밀』 『밤은 책이다』 등의 책을 썼으며, 팟캐스트 「빨간 책방」, MBC FM 「푸른밤 이동진입니다」, Btv 「영화당」 등에 출연 및 진행자로 활동하고 있다.

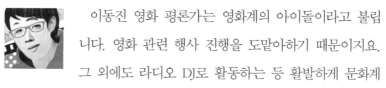 이동진 영화 평론가는 영화계의 아이돌이라고 불립니다. 영화 관련 행사 진행을 도맡아하기 때문이지요. 그 외에도 라디오 DJ로 활동하는 등 활발하게 문화계에서 방송 활동을 진행 중입니다. 또한 그는 한국에서 가장 영향력 있는 영화 평론가이기도 합니다.

이동진은 서울대학교 종교학과 재학 시절, 글을 쓰고 싶다는 막연한 생각을 갖고 있었습니다. 그러다가 졸업 학년이 되어서야 그룹 스터디도 못한 채 허겁지겁 언론사 시험을 준비했습니다. 시험 준비를 제대로 못 했음에도 그는 덜컥 첫 번째로 시험을 본 언론사에 합격했습니다. 「조선일보」였습니다.

이동진은 「조선일보」 문화부의 대표 기자로 활동했습니다. 이동진 기자 글을 보기 위해 「조선일보」를 본다는 사람까지 있을 정도였지요. 또한 '시네마 레터'를 통해 영화를 감성적인 에세이로 풀어낸 그는 작가로도 능력을 인정받아 영화 속 장소를 여행하는 '필름 속을 걷다' 글 시리즈를 통해 여행 작가로도 활동했습니다. 또 '부메랑 인터뷰'라는 영화인들과의 진솔한 인터뷰 기사로 최고의 인터뷰 진행자가 되기도 했습니다.

어느덧 그도 나이가 들고, 회사에서 관리자가 되는 걸 준비해야 하는 시점이 되었습니다. 일간지의 부장 자리라면 충분히 욕심낼 만한 지위지만, 그는 「조선일보」를 떠나는 것을 선택합니다. 왜 그런 선택을 했을까요? 그 해답은 알 수 없습니다. 하지만 이동진의 이후 행보를 살펴보면 어느 정도 짐작은 할 수 있겠지요.

이동진은 영화 평론가로서 전문성을 강화합니다. 그는 네이버와 손잡고 1인 미디어 '이동진닷컴'을 만듭니다. 영화 전문 기자가 된 것입니다. 이곳에서 그는 기존의 그 어떤 감독 인터뷰보다 깊이 있는 '부메랑 인터뷰'를 제작했습니다. 또 최고 히트작 '시네마 레터'를 계속 연재하는 등 글에 전문성을 더합니다.

이동진은 방송인으로도 활동합니다. 수많은 영화 관련 프로그램에 출연하면서 라디오 DJ, 팟캐스트 진행인, 문화 프로그램 게스트 등으로 활동하며 방송인으로 경력을 쌓았습니다. 계획한 일은 아니지만, 주어신 일에 최선을 다하다 보니 자연스럽게 나아갈 길이 보이기 시작했습니다.

"하루하루는 최선을 다해, 인생 전체는 되는 대로 살고 있습니다."

이후 이동진은 네이버와 '이동진닷컴'의 계약을 종료합니다. 대신 새로운 매체에서 영화 관련 활동에 집중하기로 한 것이지요. 최근에는 별점과 1줄 평, 유튜브와 라디오 방송, 그리고 영화 관련 행사 진행 등 새로운 방식으로 영화에 대한 지식을 대중과 교류하고 있습니다.

과거에는 최대한 큰 기업에서 올라갈 수 있는 한 가장 높은 관리자 직급을 얻는 것이 성공의 조건이었습니다. 이런 생각대로라면 「조선일보」에서 부장을 넘어 임원으로 가는 것이 성공의 조건이었던 셈이지요. 과거의 패러다임입니다.

하지만 이제는 다릅니다. 대기업의 관리자도 수명이 짧아졌습니다. 큰 기업의 관리자라는 것이 다른 기업에서 특별한 가치가 되기도 어려워졌습니다. 오히려 나이 들어서도 어디에서나 쓸모 있는 확실한 전문성을 가진 사람이 더 오래 일할 수 있는 길이 열렸지요.

모든 사람이 한 자리를 두고 경쟁할 필요가 없습니다. 자신만의 재능을 최대한으로 발휘하기만 하면 되지요. 모두가 상생할 수 있는 시대인 셈입니다.

이동진은 번듯한 기업에서 위에 오르기를 선택하는 대신, 자신의 전문성을 닦아 영화계에 꼭 필요한 인물이 되었습니다.

정답이 없는 사회라고 하지요? 과거의 성공 방식이 무너졌기 때문이 아닐까 합니다. 과거에는 적당히 노력하고, 성격이 모나지 않으면 저절로 어느 정도 위치에 오를 수 있다는 믿음이 있었으니까요.

이동진은 그런 정답을 피했습니다. 고민 끝에 내린 결정이었지만 치밀하게 계획을 세워서 내린 결정은 아니었습니다. 하지만 지금 환경에서 내가 잘할 수 있고, 사회에서 원하는 일에 최선을 다하다 보니 멋진 길을 만들 수 있었습니다.

남들보다 높게 올라가기보다 남들이 원하는 일, 그러면서 내가 좋아하는 일에 집중해 보면 어떨까요? 보장된 길을 버리고 새로운 길을 개척하고 있는 이동진처럼 말이죠.

제프 베조스

amazon

" 잘나가는 금융회사 최연소 부사장이
퇴사한 이유"

미국의 기업인. 벤처기업 피텔을 시작으로 뱅커스트러스트 부사장을 거쳐 디이쇼
에서 최연소 부사장으로 재직했다. 1994년 인터넷 서점 '아마존'을 설립했고, 이후
종합 쇼핑몰로 사업을 확장한다. 전자책 서비스 '킨들'을 만들고, 클라우딩 컴퓨
팅 서비스(AWS 서비스), 언론사 「워싱턴 포스트」 인수 등 다양한 분야의 사업을
진행하고 있다. 1999년에 「타임」지에서 선정한 '올해의 인물'에 선정되었다.

IT가 세상을 움직이고 있습니다. IT 리더 중 가장 독특한 인물이 미국의 인터넷 종합 쇼핑몰 '아마존'의 대표 제프 베조스가 아닐까 합니다. 그는 스티브 잡스, 마크 저커버그, 빌 게이츠 같은 여타 다른 IT 리더보다 전통적인 사람입니다. 인터넷 '서점'으로 사업을 시작했으니까요.

대학교를 중퇴하고 일찍 자기 사업을 시작한 다른 사람들과는 달리 좋은 대학을 졸업하고, 대기업에 다니다가 늦깎이로 사업을 시작한 사람이기도 합니다. 그는 어떻게 큰 성공을 이룰 수 있었을까요?

베조스는 어렸을 때부터 특히 과학 쪽에서 두각을 나타내 컴퓨터 게임과 발명에 빠져 지냈습니다. 자기 방에 사이렌 경보를 직접 만들어 달아 다른 사람이 방에 들어오면 알람이 울리도록 할 수 있을 정도였지요. 베조스는 프린스턴대학교 전기공학과를 수석으로 졸업했습니다.

졸업 후, 베조스는 성공 가도를 달립니다. 그는 수많은 대기업의 제의를 뿌리치고 벤처기업에 입사했다가 금융 회사 뱅커스트러스트의 컴퓨터 관리자로 이직하지요. 이 회사에서 그는 10개월 만에 최연소 부사장이 됩니다. 이후 투자 회사 디이쇼로 이직한 베조스는 다시 1년 만에 26세의 나이로 최연소 부사장이 됩니다. 그리고 수석 부사장 자리까지 오르지요. 20대 중반의 나이에 대형 금융회사의 수석 부사장이라니요. 베조스는 그야말로 잘나가는 사람이었습니다.

그러던 그가 1994년 돌연 회사를 그만둡니다. 아내와 함께 인터넷 서점을 창업하기 위해서였습니다. 그때만 해도 인터넷이 일반화되지 않았던 시절이었습니다. 당연히 주위 사람들은 안정적인 자리를 박차고 새로운 일을 시작하려는 베조스를 말렸습니다. 하지만 그는 결심을 바꾸지 않고 밀어붙였습니다. 대체 그는 무엇 때문에 인생을 건 도박을 한 걸까요?

'여든 살이 되어 과거를 돌아봤을 때, 나는 사업을 안 한 걸 후회할까? 아니면 사업을 하다 실패한 걸 더 후회할까?'

베조스는 자신이 위험 감수를 하면서까지 과감하게 창업한 이유를 '후회하지 않기 위해서'였다고 말합니다. 창업을 고심하던 그는 여든 살이 된 미래의 자신을 떠올려 보았습니다. 여든 살의 자신이 사업을 안 한 것을 후회할지, 아니면 사업을 하다 실패한 것을 더 후회할지 상상해 본 것입니다. 그가 내린 결론은 인터넷 초기에 인터넷 사업을 안 한 것을 더 후회하겠다는 것이었습니다. 그래서 자신의 인생을 걸고 인터넷 서점 '아마존'을 창업했습니다.

사업은 쉽지 않았습니다. 승승장구하던 아마존은 2001년 경제 위기 때 치명타를 입어 1,300명의 직원을 해고해야 했습니다. 그동안의 노력이 물거품이 되는 듯했지요.

베조스는 노력 끝에 회사를 키우면서 재기에 성공합니다. 아마존을 책뿐만 아니라 모든 물건을 파는 쇼핑몰로 바꿔 버린 것이죠. 나아가 전자책 서비스, 클라우딩 컴퓨팅 서비스 등 신사업에도 진출했습니다. 사업의 기본에 충실하면서 다각화한다는 쉽지 않은 일을 성공한 셈입니다. 아마존은 매년 90조 원에 가까운 매출을 내는 회사가 되었습니다.

현재 아마존은 미국을 이
끄는 온라인 커머스 회사이
자, 인공지능 서비스까지 최
고의 기술을 갖고 있는 IT
기업이기도 합니다. 심지어
위기에 빠졌던 언론사 「워싱
턴 포스트」를 인수하여 「뉴
욕 타임스」와 자웅을 겨루
는 언론사로 부활시키기까
지 했습니다. 아마존은 미국
을 넘어 세계를 넘보는 기업
이 되어 가고 있습니다.

아마존 웹사이트

지역	국가명	도메인 이름
아시아	중국	amazon.cn
	인도	amazon.in
	일본	amazon.co.jp
유럽	프랑스	amazon.fr
	독일	amazon.de
	이탈리아	amazon.it
	네덜란드	amazon.nl
	스페인	amazon.es
	영국	amazon.co.uk
북아메리카	캐나다	amazon.ca
	멕시코	amazon.com.mx
	미국	amazon.com
남아메리카	브라질	amazon.com.br
오세아니아	오스트레일리아	amazon.com.au

다른 사람의 말이 옳다면 그 사람의 말을 들어야 합니다. 하지만 다른 사람의 충고
가 틀렸다는 확신이 든다면 어떻게 해야 할까요? 내 자신의 선택이 옳다는 것을 증
명할 수 있을 때까지 오랫동안 오해받고 무시당할 각오를 해야 합니다.
다른 모든 사람이 아니라고 말할 때 나는 그 길이 맞다고 확신할 수 있는 나만의 주
장이 생길 때가 옵니다. 그때 해답은 간단합니다. 죽도록 노력해서 내 선택이 옳았다
는 것을 증명해 내는 것이죠. 보장된 성공의 길을 스스로 포기했지만, 덕분에 아마
존을 만들어 낸 제프 베조스처럼 말이죠.

엘론 머스크

"1달러로 하루를 살 수 있을까?"

미국의 기업인. 펜실베이니아대학교에서 경제학을 전공했으며, 스탠퍼드대학교 대학원에서 물리학 석사 과정을 준비하다 돌연 자퇴하고 집투를 창업했다. 이후 인터넷 은행 엑스닷컴을 만들어 이메일을 이용한 결제 서비스 페이팔로 성공시켰다. 현재 우주개발기업 스페이스엑스, 전기차 제조업체 테슬라모터스, 태양광 에너지 사업 솔라시티 등 다양한 기업체를 운영 중이다.

백만장자에 놀라운 능력까지 가진 슈퍼 히어로가 나오는 영화 「아이언맨」을 본 적 있나요? 시리즈로도 만들어져 인기를 끌었습니다. 엘론 머스크는 「아이언맨」의 실제 모델이라고 합니다. 우주여행 프로젝트인 스페이스엑스와 전기차 제조업체 테슬라모터스의 최고경영자이기도 하지요.

엘론 머스크는 남아프리카공화국에서 태어났습니다. 엘론은 어렸을 때부터 다방면에 뛰어난 재주를 보였습니다. 독학으로 컴퓨터 프로그래밍을 배워 12세 때 게임을 만들어 팔기도 했으며, 로켓을 만드는 것도 좋아해 휘발유 등을 섞어 직접 만든 연료로 자작 로켓을 만들어 쏘아 보기도 했습니다. 무엇보다 하루에 10시간씩 책을 읽는 책벌레이기도 했지요.

17세 때 엘론 머스크의 가족은 어머니의 고향인 캐나다로 이주했습니다. 그는 캐나다에서 2년간 공부하고 아이비리그 중 하나인 펜실베이니아대학교에서 경제학과 물리학 학사 학위를 동시에 받았습니다. 1995년에는 물리학 박사 학위를 취득하기 위해 스탠퍼드대학교 대학원에 들어갑니다.

하지만 단 이틀 만에 대학원을 자퇴하고 창업을 선택합니다. 엘론 머스크는 에너지, 우주, 그리고 인터넷을 좋아했습니다. 우선 인터넷으로 돈을 벌고, 그 힘으로 친환경 에너지와 우주개발을 해서 사회 발전에 이바지하고 싶었지요. 창업을 선택할 때 그는 망설였습니다. 세계 최고 학교의 공학 박사라는 안정적인 길을 포기해야 했으니까요.

용기를 얻기 위해 그는 창업 전에 한 가지 실험을 했습니다. 바로

'1달러 프로젝트'입니다. 엘론 머스크는 마트에서 냉동 소시지와 오렌지를 30달러어치 사서 한 달 동안 이것만 먹고 살아 보았습니다. 힘들지 않았습니다. 컴퓨터 한 대만 있으면 아무도 찾지 않는 허름한 동네의 좁은 집에서 오렌지와 소시지만 먹고 살아도 행복했습니다.

'실패하면 어때? 그래도 한 달에 30달러는 벌겠지.'

엘론 머스크는 이런 결론을 내리고 창업 전선에 뛰어듭니다. 그는 돈에 욕심을 부리지 않고 끊임없이 자신이 이루고 싶은 꿈을 향해 도전합니다. 처음에 그는 인터넷 회사 집투(Zip2)를 만들었습니다. 집투는 지도, 회사 정보 등을 미디어에 파는 회사였습니다. 그는 다른 사람에게 지분을 주고 투자를 받아 지분이 7퍼센트가 남을 때까지 버텼습니다. 덕분에 그는 이 회사를 컴퓨터 제조업체인 컴팩에 팔아 2천2백만 달러를 법니다. 28세에 백만장자가 된 것입니다.

그다음에 만든 회사는 인터넷 은행 엑스닷컴(X.com)이었습니다. 엘론 머스크는 집투에서 번 돈을 투자했습니다. 또 그는 경쟁사인 콘피니티와 합병을 선택했습니다. 경쟁으로 두 회사가 모두 망하느니 회사 소유 권한을 절반으로 나누더라도 살아남는 길을 택한 것입니다. 쉽지 않은 결정이었습니다.

이후 회사 이름을 페이팔(Paypal)로 바꾸고, 엘론 머스크는 최고경영자로 있다가 회사를 나오게 됩니다. 동료와의 갈등 때문이었습니다. 그러나 그는 11퍼센트의 지분을 갖고 있었고, 페이팔이 온라인 쇼핑몰 이베이(eBay)에 인수되자 1억7천만 달러의 큰돈을 벌게 됩니다.

엘론 머스크는 이때도 돈에 욕심내지 않고 그 돈으로 우주개발기업 스페이스엑스를 설립하고, 전기차 제조업체 테슬라모터스를 사는 데 썼습니다. 두 회사는 미래 산업이라는 친환경 에너지 사업과 우주 개발 사업에 있어서 세계 제일의 기업으로 평가받습니다. 온 세계가 그들의 성공을 기대하고, 주목하게 된 것입니다.

스페이스엑스에서는 한 번 사용한 로켓을 재발사하는 데 성공했고, 테슬라모터스에서는 전기차 운행을 시작하는 등 구체적인 성과도 나오기 시작했습니다.

엘론 머스크는 에너지와 우주항공 분야에서 미래 기술을 이끄는 인류 최정상의 리더가 되었습니다. 세상을 바꾸기 시작한 것입니다. 거대한 재산은 보너스일 따름입니다.

엘론 머스크의 성공 비법은 돈을 포기하는 겁니다. 지나치게 큰 물욕과 야망은 오히려 성공에 방해가 됩니다. 실패를 두려워하게 되기 때문이지요. 정말 큰 성공은 실패를 두려워하지 않고 도전해야 얻을 수 있습니다.

엘론 머스크는 누구보다 큰돈을 원해서 성공한 게 아닙니다. 1달러만으로도 만족할 수 있어서였지요. 그래서 그는 실패를 두려워하지 않고 과감한 선택을 할 수 있었습니다. 성공하고 싶다면 실패를 두려워하지 말아야 합니다. 돈을 포기하는 과감한 결정으로 인류의 미래를 꿈꾸는 사업가가 된 엘론 머스크처럼 말이죠.

이세돌

사진제공 : 연합뉴스 헬로포토

"단점이 장점이다"

바둑기사. 1995년 12세의 나이로 입단했다. 2000년에 32연승을 거두며 제5기 박카스배에서 우승하여 최우수기사상을 수상했다. 2003년에 한국기원이 승단 규칙을 개정한 뒤, 역대 최단 기간으로 9단까지 승진했다. 2016년 '딥마인드 챌린지 매치'에서 구글 알파고와 대국 끝에 1승 4패의 성적을 거두었다. 공식전에서 알파고를 이긴 유일한 바둑기사다. 『판을 엎어라』『이세돌 구리 10번기』『가장 쉬운 독학 이세돌 바둑 첫걸음』 등의 책을 썼다.

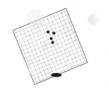

바둑기사 이세돌은 인공지능 바둑 프로그램 '알파고' 와의 대국으로 국민적인 스타가 되었습니다. 그는 그 전부터 역대 최고의 바둑기사 중 한 명으로 인정받고 있었습니다.

바둑을 좋아했던 이세돌의 아버지는 일찍부터 아들의 재능을 발견했고, 이세돌은 12세 때 바둑기사가 됩니다. 하지만 프로 바둑의 세계는 아이에게 너무도 무서운 세상이었습니다. 이세돌은 프로의 중압감을 이기지 못하고 번번이 졌습니다. 설상가상으로 부모님 대신 서울에서 보호자로 있던 형은 입대를 하게 되었습니다. 스트레스로 기관지염을 앓게 된 이세돌은 제때 병원에 가지 못해 목소리를 영원히 다쳤습니다. 지금의 목소리에는 이런 슬픈 사연이 있었습니다.

이세돌은 17세부터 두각을 나타내기 시작합니다. 32연승을 해내며 바둑판을 뒤집은 거지요. 하지만 승단 시험을 치르지 않아 단은 그대로 3단이었습니다. 이미 실력은 최고인데 왜 불합리한 시험을 봐야 하느냐는 항의였지요. 결국 한국기원은 이세돌의 뜻을 인정하고, 세계 대회에서 우승할 경우 3단, 준우승할 경우 1단을 올려 주기로 합니다. 그리고 이세돌은 단 5개월 만에 9단이 됩니다.

이세돌은 공격적인 말투로 안티 팬을 몰고 다녔습니다. 과거 중국 바둑이 한국보다 못했던 시절, 그는 '중국 선수들의 바둑을 모른다. 이름도 모르는데 어떻게 그들의 바둑을 알겠나.'라든지, '이창호, 조훈현은 좋은 기사지만 존경하지는 않는다. 마샤오춘은 좋은 기사라고

생각하지도 않는다.'라는 식의 인터뷰로 화제를 몰고 다녔습니다. 중
국 바둑 팬들은 중국 바둑을 무시했던 이세돌의 인터뷰 내용과 말
투를 기억하고 있을 정도지요. 결혼하고 나이가 들어 예전보다 성격
이 많이 온순해졌지만, 젊은 시절 그는 '자신이 없어요. 질 자신이요.'
라는 발언으로 대변되는 오만한 자신감 그 자체였습니다.

하지만, 그의 단점인 오만함과 불같은 성격은 또한 장점이기
도 했습니다.

2016년, 이세돌은 구글이 만든 인공지능 바둑기사 알파고와 대국
을 합니다. 구글 입장에서도 현역 바둑기사 중 가장 훌륭한 커리어
를 가진 이세돌과의 대결이 가진 상징적인 의미가 컸습니다.

처음에는 모두들 이세돌이 이기리라 믿었습니다. 변수가 무한에
가까운 바둑을 컴퓨터가 이기기는 불가능하다고 믿었기 때문이지
요. 그러나 막상 바둑을 둬 보니 달랐습니다. 구글의 인공지능은 세
상 어떤 사람보다 정확하게 승리 확률을 계산해 바둑을 뒀습니다.
인간 기사가 이해할 수 없는 고단수의 바둑을 뒀지요. 이세돌은 대
결에서 3연패를 했습니다. 여기서 끝인 듯했습니다.

재미있게도 이세돌의 바둑은 그의 단점인 불같은 성격과 닮았습니
다. 바둑에서도 그는 미친 듯이 싸움을 걸어 난전 끝에 상대방을 혼
란에 몰아넣고, 밀어붙여 승리했습니다. 사람과의 대결은 물론, 알파
고와의 대결에서도 이세돌은 변칙적인 공격 바둑으로 승리를 거머쥐
었습니다.

건방져 보이기까지 한 강한 자존심은 그의 근성과도 연결되어 있었습니다. 알파고와의 대국에서도 이세돌은 3연패로 이미 패배가 확정된 순간에도 끈기 있게 대결을 펼쳐 5승보다 값진 1승을 거뒀습니다. 그의 지독한 자존심과 승부욕이 이뤄 낸 성과였습니다. 이세돌은 1승을 거두고 이렇게 말했습니다.

"무엇과도 바꾸지 않을, 값어치를 매길 수 없는 1승입니다."

아마도 그는 인공지능을 이긴 '마지막 인간 바둑기사'가 될 겁니다. 절체절명의 순간에 그에게 승부를 가져다 준 것은 그의 단점이었습니다. 단점을 잘 살리면 장점이 될 수 있다는 걸 보여 준 셈입니다.

최정상 바둑기사들 중에는 자신의 성격과 닮은 바둑을 두는 사람들이 많습니다. 화려하고 물 찬 제비처럼 가벼운 조훈현의 바둑은, 포커부터 온라인 게임까지 수많은 관심사를 넘나드는 조훈현의 성격과 닮았습니다. 부드럽고 냉정한 이창호의 바둑은 실제로도 돌부처처럼 감정 표현이 적은 이창호의 성격을 닮았습니다. 그들은 완벽한 바둑을 두지 않았습니다. 오히려 자신의 단점이 흡수된 바둑을 두었지요. 자신다운 바둑을 두는 것이 가장 강해지는 비법이었기 때문입니다.
누구나 단점이 있습니다. 단점만 개선되면 훨씬 더 훌륭한 사람이 될 것 같지만 성공하기 위해서는 우선 자기다워야 합니다. 자기만의 방식으로 승부해야 성공할 수 있기 때문입니다. 단점을 강함으로 승화시켜 알파고에 1승을 거둔 이세돌 바둑기사처럼 말이죠.

워런 버핏

" 상상하기 어려운 미래의 모습"

미국의 기업가이자 투자가. 6세부터 장사를 시작했고, 11세부터 주식 투자를 했다. 1965년 지주회사 버크셔 해서웨이를 설립하고, 지금까지 최고경영자로 재직 중이다. 빌 게이츠 재단에 재산의 85퍼센트를 기부하여 사회에 환원하기로 약정하는 등 기부 활동가로도 유명하다. 2010년에 미국 대통령 자유 메달을 수상했다.

사람들은 무엇을 갖기를 원할까요? 여러 가지가 있겠지만, 돈이 빠지지는 않겠지요. 돈에 쪼들린다면 행복하기는 어려울 테니까요.

돈을 다루는 산업인 금융업에서 최고로 잘나가는 사람이 바로 워런 버핏입니다. IT가 대세가 된 지 오래인 세상에서, 세계 최고의 부자 중 IT인이 아닌 유일한 사람이지요. 더욱 놀라운 것은 그런 부자가 미국 네브래스카주 오마하에 있는 고향 집에서 가족들과 함께 검소하게 살고 있다는 겁니다.

어마어마한 재산을 축적했지만, 그 돈으로 호화로운 여가를 보내기보다 매일 300페이지가 넘는 투자 정보들을 읽으면서 돈에 대해 고민하고 또 고민하면서 시간을 보냅니다. 사람들은 그를 '오마하의 현자'라고 부릅니다.

그렇다면 워런 버핏의 어린 시절은 어땠을까요? 그는 모범생이 아니었습니다. 오히려 문제아였지요. 버핏은 선생님들의 미움을 사서 중학교도 졸업 못 할 뻔했습니다. 학교 규칙을 어기고 졸업식 때 양복을 입지 않으려 했기 때문이었습니다.

"비행 청소년. 이런 학생이 대학교를 갈 확률은 없음."

학교에서 그는 '비행 청소년'으로 낙인이 찍혔습니다. 마트에서 물건을 훔치기도 하고, 초콜릿 공장을 보고 싶다는 이유로 가출도 했지요.

하지만 마냥 놀기만 한 것은 아니었습니다. 정규직 성인의 평균 월급이 215달러이던 시절, 버핏은 이미 십 대 때부터 학교에 다니면서도 물건을 팔고, 신문 배달을 하는 등 일을 하면서 월 175달러의 돈을 벌고 있었습니다. 여자 친구와 이야기하는 파티에는 숙맥이었지만, 물건을 사고파는 일에 있어서는 엄청난 능력자였습니다. 뛰어난 재능과 비행 끼가 함께 있는 아들을 둔 버핏의 부모는 고민 끝에 아이를 믿어 보기로 했습니다. 하지만 "너의 재능을 잘 쓰려면 절대로 나쁜 일은 해서는 안 된다."는 경고를 분명하게 했지요.

이후 버핏은 삶의 태도를 바꿔 말썽을 그만두고 학교 수업을 열심히 들었습니다. 책도 열심히 읽었지요. 무엇보다 좋은 성적을 유지하면서도 돈 버는 일을 게을리하지 않았습니다. 고등학교 때는 선생님의 평가가 중학교 때와 사뭇 달랐습니다.

"수학 성적이 뛰어남. 미래의 주식 중계인."

이 말은 현실이 되었습니다.

워런 버핏은 잠깐의 상황보다는 회사의 가치를 보는 '가치 투자'로 세계 최고의 주식 투자자가 되어 금융계를 평정합니다.

대부분 투자자들은 현재 상황을 읽고 이를 통해서 '남들이 사고 싶어 하는 회사'를 판단해서 주식을 삽니다. 버핏은 반대였습니다. 외부 상황은 되도록 보지 않고 대신 그 회사가 앞으로 사업을 잘할 회사인지를 판단했습니다. 그럴 만한 회사라면 다른 사람이 좋아하든 말든 과감하게 주식을 샀지요. 이를 '가치 투자'라고 합니다.

"평생 사고 싶은 주식이 아니면 단 1초도 갖고 있을 필요가 없습니다."

워런 버핏은 '코카콜라'의 가치를 높게 평가했습니다. 그래서 코카콜라 주식의 가치가 올라가든 내려가든 개의치 않고 주식을 샀습니다. 그리고 그는 코카콜라 주식을 오랜 기간 보유한 덕에 엄청난 돈을 벌었습니다.

워런 버핏은 가치 투자로 주식계를 평정했습니다. 90세를 바라보는 나이에도 그는 현역에서 금융 투자를 하면서 기부 활동도 열심히 하고 있습니다. 그는 투자에도 뛰어날 뿐만 아니라 나눔을 실현하는 '존경받는 부자'로 살고 있습니다.

워런 버핏의 투자 비결은 간단합니다. 남들이 모르는 기발한 정보를 가지고 빠르게 성공하려는 투자자와는 반대로, 믿을 만한 회사의 주식을 오랜 기간 보유하는 '정공법'으로 승부한 것이지요.

인생도 마찬가지 아닐까요? 정말 중요한 일은 쉽게 이루어지지 않습니다. 대개 오랜 기간이 필요하지요. 그래서 중요한 건 끈질김입니다. 빠르게 성공하려는 욕심을 부리면 반드시 실패하게 되어 있습니다. 결정할 때 오랜 기간 고민해 보고 일단 선택한 뒤에는 그 자리에 굳건히 서야 합니다. 요행이나 빠른 성공을 바라기보다 정도를 택해 최고의 투자자가 된 워런 버핏처럼 말이죠.

PIXAR

에드 캣멀

"새로운 길을 가야 할 이유"

픽사와 월트 디즈니 애니메이션 스튜디오의 회장. 1979년 루카스필름에 입사하여 이미지 합성 기법을 개발하였고, 1986년에는 스티브 잡스 등과 함께 픽사를 공동 창업하였다. 3차원 컴퓨터 그래픽을 이용한 최초 영화 「토이 스토리」를 제작하였고, 픽사에서 제작한 3차원 렌더링 소프트웨어 '렌더맨'의 주요 개발자이기도 하다. 영화 컴퓨터 그래픽 분야에 기여한 공로로 고든 소여상과 아카데미상을 다섯 차례 수상했다.

픽사는 컴퓨터 그래픽을 사용한 3D 애니메이션을 만드는 회사입니다. 「토이 스토리」부터 「인사이드 아웃」까지 인기 애니메이션을 만들었지요. 지금은 모두가 당연하다시피 3D 애니메이션을 만들고 있지만, 「토이 스토리」가 만들어지기 전까지만 해도 손으로 직접 분할된 동작을 그려 만든 2D 애니메이션이 대부분이었습니다.

픽사와 월트 디즈니 애니메이션 스튜디오의 회장 에드 캣멀은 애니메이션을 좋아해 어릴 때부터 디즈니의 만화와 다큐멘터리를 보면서 자신의 꿈을 키웠습니다. 하지만 캣멀에게는 그림 실력이 없었습니다. 애니메이터로는 치명적인 단점이었지요. 결국 그는 만화 영화 제작자의 길을 포기하고, 대신 유타대학교 물리학과에 진학합니다.

물리학과 컴퓨터 공학을 연구하던 중 캣멀은 컴퓨터로도 그림을 그릴 수 있다는 것을 발견했습니다. 당시 미국은 소련이 먼저 우주선 발사에 성공한 것에 충격을 받아 우주 과학은 물론 공학 분야에 전폭적인 지원을 시작했습니다.

자유로운 분위기의 연구실에서 그는 다시금 과거의 꿈인 애니메이션 제작의 꿈을 키워 갑니다. 달라진 게 있다면 이번에는 손이 아니라 컴퓨터를 이용해서 만드는 애니메이션이라는 것이었지요.

대학에서 컴퓨터 애니메이션을 연구하던 캣멀은 루카스필름의 컴

퓨터 그래픽 담당자로 스카우트되었습니다. 「스타워즈」로 유명한 조지 루카스 감독은 에 드 캣멀의 컴퓨터 기술을 이용해 영화 효과를 혁신시킬 수 있겠다고 믿었습니다. 애니메이션 제작을 원했던 캣멀과는 생각이 달랐습니다.

영화 제작 때문에 돈이 필요해지자, 조지 루카스와 에드 캣멀의 갈 등이 수면 위로 떠올랐습니다. 결국 조지 루카스는 에드 캣멀이 지 휘하는 컴퓨터 애니메이션 부서를 매각합니다. 사실상의 해고 통보 였습니다.

그런데 스티브 잡스가 이 애니메이션 사업부를 사들였습니다. 잡 스는 경영에는 관여하지 않겠다는 조건을 걸었습니다. 애플에서의 배신에 상심이 컸던 잡스는 조지 루카스와 협상이 끝나자마자 에드 캣멀에게 말했습니다.

"앞으로 무슨 일이 있더라도 절대 서로를 배신해서는 안 됩니다."

'픽사'의 탄생이었습니다.

이후 픽사의 행보 또한 순탄치 않았습니다. 「토이 스토리」가 개봉 하기 전까지 픽사는 수 익이 전혀 없었습니다. 캣멀은 잡스를 믿고 과 감하게 돈이 많이 드는 장편 애니메이션 사업을 시작했습니다. 잡스 또

미국 캘리포니아에 있는 픽사 스튜디오 입구

한 에드 캣멀을 믿고 500억 원이 넘는 큰돈을 투자했습니다. 캣멀과 잡스는 극단적인 상황에서도 서로를 끝까지 믿었습니다.

애니메이션을 만드는 일 또한 고난의 연속이었습니다. 픽사 직원 중 아무도 극장용 장편 애니메이션을 만들어 본 경험이 없었습니다. 그럼에도 불구하고 픽사는 끝없는 연구와 협업으로 최초의 컴퓨터 장편 애니메이션 「토이 스토리」를 만들었습니다.

이후 픽사는 성공에 성공을 거듭했습니다. 디즈니는 픽사를 인수했지만, 오히려 픽사의 인재들이 디즈니의 고위 책임자가 되어 세계 애니메이션을 이끌고 있습니다. 2D 애니메이션은 사양길에 접어들었습니다. 대신 에드 캣멀과 그의 팀이 만든 새로운 직업 3D 애니메이터가 그 자리를 대신했습니다.

에드 캣멀은 만화 영화를 만들고 싶었습니다. 하지만 애니메이션을 만드는 일에는 '흙수저'에 가까웠습니다. 그림을 그리는 재능도 없었고 관련 업계에 아는 사람도 없었습니다. 에드 캣멀이 '제2의 디즈니'가 되기 위해 디즈니에 입사했다면 훌륭한 애니메이터가 되기는 어려웠을지도 모릅니다. 대신 그는 물리학이라는 특기를 살려 새로운 직업을 만드는 것을 선택했습니다. 그 길은 험난했지만 덕분에 더 큰 성공을 할 수 있었습니다.

여러분도 멋진 일을 찾기보다 우선 내가 가진 장점에서 시작해 보면 어떨까요? 고민하고 또 고민하다 보면 내 장점을 살리면서 내가 하고 싶은 일을 할 수 있는 새로운 진로가 보일지도 모릅니다. 그림을 못 그렸지만 자신만이 할 수 있는 일에 집중해 '3D 애니메이터'라는 새로운 직업을 만든 에드 캣멀처럼 말이죠.

성공하려면
남이 주목하는 일만 해야 할까

남이 알아주든 말든 차근차근 노력하여
진짜 실력을 일군 사람들의 이야기

데니스 홍
테드 창
백종원
제임스 다이슨
김빛내리
김용
윤종신
네이트 실버

4

티 안 나는 일을
열심히

데니스 아빠

"바로 앞에 있었던 성공 비결"

로봇공학자이자 미국 캘리포니아대학교 로스앤젤레스캠퍼스 기계공학과 교수. 2003년부터 2013년까지 버지니아공과대학교 교수로 근무했다. 시각장애인용 운전 보조 시스템, 인명구조 로봇, 의수, 의족 등 수많은 기술을 개발해 세계적으로 주목을 받고 있다. 현재 캘리포니아대학교 로스앤젤레스캠퍼스 산하 로봇공학 연구소인 로멜라(RoMeLa) 소장으로 재직하며 로봇을 연구 중이다.

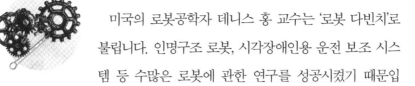

미국의 로봇공학자 데니스 홍 교수는 '로봇 다빈치'로 불립니다. 인명구조 로봇, 시각장애인용 운전 보조 시스템 등 수많은 로봇에 관한 연구를 성공시켰기 때문입니다. 2007년에는 연구 성과를 인정받아 '미국 NSF(National Science Foundation) 젊은 과학자상'을, 2009년에는 '과학을 뒤흔드는 젊은 천재 10인'에 선정되었습니다. 그는 어떻게 세계적인 로봇공학자가 되었을까요?

미국 로스앤젤레스에서 한국계 미국인 가정에서 2남 1녀 중 막내로 태어난 데니스 홍은 3세 때 한국으로 와서 대학교 3학년 때까지 성장하였습니다. 어린 시절부터 그는 분해하며 노는 걸 좋아했는데, 집 안에 있는 온갖 전자제품이 남아나지 않을 정도였지요. 한번은 최신 TV를 분해해서 고장 내 버리기도 했습니다.

과학자였던 아버지는 그때마다 아들을 혼내기보다는 격려하고, 제품 원리를 설명해 주었습니다. 또한 수학을 싫어하는 아들에게 "네가 좋아하는 비행기를 만들려면 수학 지식이 있어야 한다."는 조언도 해 줬지요.

7세 때 데니스 홍은 로봇 과학자가 되겠다는 꿈을 정합니다. SF 영화 「스타워즈」를 재미있게 봤는데, 특히 영화에 나오는 로봇들에 푹 빠졌던 것입니다. 이후 데니스 홍은 로봇 과학자가 되겠다고 부모님께 노래를 불렀습니다.

로봇을 만들고 싶었던 데니스 홍은 고려대학교 기계공학과에 입학했다가 대학교 3학년 때 미국으로 유학을 떠났습니다.

미국에서 로봇을 연구하는 동안에도 고난은 있었습니다. 로봇을 만들 수는 있었지만 경쟁이 치열하여 연구 예산을 타 오기가 어려웠습니다. 데니스 홍은 이 시기에 울기도 많이 울었다고 회고합니다.

그렇지만 어려움 속에서도 해답은 있었습니다. 어린 시절에 즐겨 했던 '실험'이 큰 도움이 되었지요. 그는 과제를 수행하기 전에 간단한 예시를 만들어 실험해 보았습니다. 실험을 하고 수정하면서 계획을 짠 결과 그는 조금씩 연구에서 성과를 이루기 시작합니다.

데니스 홍은 세계 최초로 시각장애인용 자동차를 개발하면서 로봇공학 분야에서 세계적으로 주목을 받습니다. 처음에 그가 이 도전을 받아들인 건 단순 실수였다고 합니다. 시각장애인이 운전해야 하는 차를 시각장애인을 태우고 움직이는 차로 잘못 받아들인 거지요.

어려운 도전을 앞둔 그였지만 포기하지 않았습니다. 직접 하루 종일 눈을 가리고 생활하면서 시각장애인 입장에서 차를 조금씩 만들었습니다. 2011년, 그가 만든 차 '브라이언'은 보란 듯이 시각장애인과 함께 복잡한 결승전을 통과했습니다.

데니스 홍은 연구 성과를 이루어 내면서 다른 사람을 위해 나눔 활동도 합니다. 그는 휴머노이드 로봇 '다윈'을 만들었는데, 이 로봇에 사용된 모든 기술을 특허를 걸지 않고 공개했습니다. 기술로 큰돈을 벌 수 있는 기회를 스스로 포기한 겁니다. 그는 그 이유를 '처음 목적 때문'이라고 말했습니다. 로봇 다윈은 돈을 벌려고 만든 게 아니라 더 많은 사람들을 돕기 위한 목적으로 만들었습니다. 특허를 갖고 있으면 돈은 벌 수 있지만, 기술을 공개하면 사람들이 기술을 발전시켜 더 좋은 일에 쓸 수 있겠지요.

"좋아하는 일, 잘하는 일, 가치 있는 일, 또 실패를 무엇보다 당연하게 생각하는 것이 중요합니다."

데니스 홍이 청년들에게 전하는 메시지입니다.

데니스 홍은 지금도 부지런히 로봇을 연구하고 만들면서 바쁜 나날을 보내고 있습니다.

로봇을 만들려면 어떻게 해야 할까요? 로봇을 어린 시절부터 열심히 만들면 될까요? 그렇지 않습니다. 로봇은 학업을 마친 후에 만들어도 됩니다. 지식은 어떤 기술이든지 간에 '기본 바탕'이 됩니다. 데니스 홍은 한국 교육에 한계를 느껴 미국으로 유학을 갔습니다. 하지만 한국에서 철저하게 수학과 과학의 기본을 닦은 덕에 로봇을 더 잘 만들 수 있었다고 합니다.

로봇을 만들려면 다양한 지식이 필요합니다. 사람을 이해해야 그 사람에게 도움이 되는 로봇을 만들 수 있는데, 사람을 이해하려면 인문학이 필요합니다. 지금 하는 공부를 열심히 하면 무엇이든 꿈을 이루는 데 도움이 될지 모릅니다. 꾸준히 공부와 연구의 기본을 갈고닦은 덕에 최고의 로봇공학자가 된 데니스 홍처럼 말이죠.

테드 창

"소설가가 되고 싶은데
왜 수학을 배워야 해요?"

과학소설 작가. 브라운대학교에서 물리학과 컴퓨터 공학을 전공했다. 1999년 「바빌론의 탑」을 시작으로 「이해」 「당신 인생의 이야기」 「지옥은 신의 부재」 등의 중단편 소설을 발표했다. 과학소설에 수여하는 네뷸러상과 휴고상을 모두 수상했으며, 「당신 인생의 이야기」는 할리우드에서 「컨택트」라는 영화로 각색되어 2017년에 미국작가조합상 각색상을 받기도 했다.

공부를 열심히 해야 꿈을 이룰 수 있다고 믿는 친구들이 많지요? 그러나 꿈을 이루는 데 공부가 꼭 필수 조건은 아닙니다. 요리사, 디자이너, 음악가 등 세상에는 국·영·수를 잘하지 않고도 할 수 있는 일이 많습니다. 그럼 이런 일을 위해서는 무엇을 준비하면 될까요?

중국계 미국인 테드 창은 네뷸러상, 휴고상을 모두 수상한 세계적으로 주목받는 과학소설 작가입니다. 과학적이면서도 상상력을 자극하는 그의 소설은 「컨택트」라는 영화로 만들어지면서 한층 큰 주목을 받았지요. 테드 창이 훌륭한 소설가가 된 비결은 무엇일까요?

테드 창은 브라운대학교에서 물리학과 컴퓨터 공학을 전공했습니다. 졸업 후에는 마이크로소프트 사에서 테크니컬 라이터로 일했습니다. 테크니컬 라이터라는 직업이 생소하지요? 컴퓨터 소프트웨어가 어떤 기능이 있고, 어떻게 사용해야 하는지 알려 주는 글을 쓰는 사람을 말합니다. 그 밖에도 그는 할리우드 공포 영화 시나리오를 쓰기도 하고, 컴퓨터 프로그래밍을 하는 등 다양한 직업을 전전하다 결국 소설가로 성공했습니다.

테드 창의 소설은 기존 소설과 전혀 달랐습니다.

그의 소설에는 '과학적 상상력'이 있었습니다. 물리학과 컴퓨터 공학을 좋아해 대학에서 전공까지 했으니 당연히 테드 창의 소설은 허황되지 않고 그 무엇보다 과학적일 수밖에 없었지요.

테드 창의 소설은 물리학 덕분에 특별해졌습니다. 「컨택트」로 영화화된 소설 「당신 인생의 이야기」는 외계인과 조우한 언어학자가 외계인의 언어를 배우며 새로운 깨달음을 얻는 이야기입니다. 이 소설에서는 외계인과 인간이 만나서 어떻게 서로의 언어를 배우는지 보여 주지요.

"자연의 언어라면 역시 물리학 아닐까?"

테드 창은 이를 물리학을 통해 설명했습니다. '페르마의 정리'라는 원리를 이용해서 서로의 언어를 배우는 거지요. 페르마의 정리는 빛이 물을 통과하면 빛이 구부러지는 걸로 보이는 현상을 말합니다. 빛은 언제나 '최단 거리'로 가려 하기 때문에 생기는 현상이지요. 물리 현상은 외계인이나 지구인이나 똑같이 느끼는 현상이기 때문에 영화 속 외계인도 이 현상을 이해해서 자신들의 언어로 알려 줍니다. 덕분에 서로의 언어를 모르는 외계인과 지구인이 서로의 언어를 배우는 계기가 될 수 있었습니다.

또한 테드 창의 소설은 컴퓨터 공학 덕분에 특별해졌습니다. 그의 또 다른 소설 「이해」는 정부 기관의 음모에 의해 일반인보다 훨씬 똑똑해져서 '초지능'을 얻게 된 한 사람의 이야기입니다. 주인공은 자신의 능력을 사용해 정부의 감시망을 따돌려서 탈출하지요. 그리고 자신을 단련시키다가 자신과 같은 초지능을 가진 사람과 대결을 벌입니다.

테드 창은 엄청나게 똑똑한 사람이 할 수 있는 일을 '컴퓨터 프로그래밍'을 통해 설명했습니다. 요즘 사람들은 모든 일을 컴퓨터로 관리합니다. 초지능을 가진 사람이 프로그래밍을 하면 컴퓨터를 조종할 수 있기 때문에 사실상 모든 것을 조종할 힘을 갖게 되지요. 「이해」에서 주인공은 정보를 모아서 주식을 통해 큰돈을 법니다. 또 CCTV를 조종해서 자신을 쫓지 못하도록 막기도 하지요.

컴퓨터 공학에 대한 자세한 묘사 덕분에 '초지능'을 가진 주인공이 얼마나 뛰어난 존재가 되는지를 사실적으로 표현할 수 있었던 것입니다.

현재 테드 창은 소설가로 활발하게 활동 중입니다. 그의 작품은 독자들에게 큰 사랑을 받고 속속 영화화되고 있습니다. 누구보다 남다른 그의 과학적 지식과 독특한 색깔 덕분에 가능한 일이지요.

테드 창이 뛰어난 소설가가 된 이유는 그가 누구보다 현실 세계를 잘 이해하고 있었기 때문입니다. 그 배경에는 과학 지식이 있었습니다. TV부터 스마트폰, 심지어 우리가 하는 말까지 모든 게 과학 기술과 관련되어 있습니다. 당연히 과학을 잘 알고 있으면 세상을 더욱 잘 이해할 수 있습니다. 세상을 잘 아는 사람이 만드는 이야기는 세상을 잘 모르는 사람보다 더 흡입력이 있을 수밖에 없습니다. 더 현실적이니까요. 공부가 아닌 다른 꿈을 꾸고 있더라도 공부에 관심을 가져 보면 어떨까요? 그러면 공부가 뜻밖에 돌파구를 가져다줄지 모릅니다. 소설가이지만 과학 지식을 활용해 자신만의 독특한 작품 세계를 만들어 낸 테드 창처럼 말이죠.

백종원

"엄친아의 의외의 성공 비결"

요리연구가 겸 외식 사업가. 자동차 중개업, 목조 주택 건설 등 다양한 사업을 거쳐 1994년 '더본코리아'를 설립하고, 현재까지 대표이사로 재직 중이다. 본가, 새마을식당, 홍콩반점0410, 미정국수0410, 빽다방 등 여러 히트 프랜차이즈를 성공시켰다. 2015년 「마이 리틀 텔레비전」 출연을 시작으로 「한식대첩」 「집밥 백선생」 「백종원의 골목식당」 등 다양한 방송에서 활약 중이다.

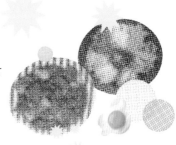

쿡방의 유행과 함께 요리연구가 백종원의 인기는 대단합니다. 다양한 프로그램에서 요리에 관한 깊고 박학다식한 지식을 겸손하게 보여 주며 큰 호응을 얻고 있지요.

겸손한 이미지를 갖고 있지만 백종원의 스펙은 화려합니다. 아버지가 학교 이사장을 지낸 유복한 집안에서 태어났으며, 연세대학교를 졸업한 우등생이기도 하지요. 그야말로 모든 것을 가진 엄마 친구 아들입니다.

하지만 백종원은 지금의 자리에 오기까지 큰 실패를 겪고, 멀리 돌아왔다고 합니다. 그는 어떤 일을 겪었고, 또 실패를 어떤 방법으로 극복했을까요?

백종원은 요리를 좋아했습니다. 대학교는 요리와 큰 관련이 없는 사회복지학과를 선택했지만, 엠티를 가서는 요리를 도맡아 하고, 맛집 탐방을 위해 시간을 아끼지 않는 등 요리에 큰 관심을 쏟았다고 합니다. 심지어 군대에 가서도 장교의 신분으로 취사병들의 요리를 지휘했습니다.

그러나 그의 꿈은 사업이지, 요리가 아니었습니다. 이미 대학생 때부터 본인 사업을 할 정도로 사업 수완도 좋았습니다. 그가 음식점을 시작한 것은 순전히 우연이었습니다. 사업을 준비하던 중 음식점을 하기에 딱 좋은 장소를 발견한 것을 계기로 떠밀리듯 음식점을 시작하게 된 겁니다. 음식점은 잘 운영되었지만, 그의 마음을 끈 것은 건설과 같은 큰 사업이었습니다.

　이후 IMF가 닥쳤고, 그는 건설 사업에서 큰 실패를 맛봤지요. 하는 수 없이 하던 사업을 전부 정리해야 했습니다.

　"제게는 이 쌈집밖에 없습니다. 이게 없으면 여러분에게 돈을 돌려드릴 수가 없습니다. 제게 기회를 한 번만 주십시오."

　그는 빚쟁이와 담판을 벌여 쌈집 하나만을 남겼습니다. 모든 것을 가진 듯했던 엄친아가 하루아침에 빚더미에 앉게 된 셈이죠. 하지만 그에게는 쌈집과 쌈집을 함께 운영했던 사람들, 그리고 요리와 사업에 대한 재능이 남아 있었습니다.

　이후 그는 자신의 모든 재능을 요식업에 집중합니다.

　다양한 관심을 살려 요리뿐만 아니라 건물, 인테리어까지 세심하게 신경 썼지요. 또 다양한 언어를 구사하는 특기를 살려, 세계 여러 나라의 요리책을 탐구하고 메뉴를 연구했습니다. 그리고 사업과 관련된 중요 인물들과의 대화보다 음식점을 찾은 손님들, 음식점 주위 동네 주민들과의 관계에 집중했습니다.

　사업에 대한 관심 또한 거대 사업이 아닌 음식점 경영으로 풀어냈습니다. 결과는 대성공이었습니다.

가장 사소하고 초라해 보이는 것들에 집중하자 역설적으로 그는 요식업계의 거물이 된 것입니다.

이후 그는 요리에 대한 전방위적 지식뿐만 아니라 일반인의 눈높이에 맞출 수 있는 겸손함과 재치를 겸비한 쿡방 방송인으로도 폭발적인 사랑을 받게 되었습니다. 지금도 그는 요식업의 거물로서, 또 요리 방송인으로서 활발하게 활동 중입니다.

흔히들 성공의 필수 조건이 '스펙'이라고 합니다. 하지만 가진 게 많다고 반드시 성공하는 것은 아닙니다. 아무리 태양열이 강하다고 해도 렌즈를 통해 모여야만 불을 피울 수 있습니다. 마찬가지로 뛰어난 재능도 한 곳에 모여야만 그 힘을 통해 성공할 수 있습니다.

어린 시절은 다양한 종류의 재능과 가능성을 실험해 보는 시기입니다. 당연히 다양한 경험을 해 봐야 합니다. 그러나 어느 순간부터는 집중해야 합니다. 본인이 모든 일을 다 잘하지 못한다고 너무 아쉬워하지 않아도 됩니다. 성공한 사람은 모든 것을 잘한 것이 아닌, 한 가지를 누구보다 잘한 경우가 대부분이니까요. 다양한 관심을 갖고 있었지만, '요리'라는 전문 분야에 집중한 뒤에야 빛을 본 백종원처럼 말이죠.

제임스 다이슨

"기계공이 사무직보다 천한 직업일까?"

영국의 산업디자이너, 발명가이자 다이슨 창업자. 바퀴 자국을 안 남기는 정원용 카트 '볼배로'를 시작으로 먼지 봉투 없는 진공청소기, 날개 없는 선풍기 등 혁신적인 발명품을 만들었다. 1993년에는 자신의 이름을 딴 회사 '다이슨'을 창업하였다. 2007년에 기사 작위를, 2016년에는 공로 훈장을 받았다.

제임스 다이슨은 영국을 대표하는 산업디자이너이자 발명가이며, '다이슨'의 창업자입니다. 처음에는 미술을 전공했지만 시장에서 제품으로 평가받는 공학에 매력을 느껴 산업디자이너로 전공을 바꿔 공부했지요.

선풍기에는 날개가 있어야 합니다. 헤어드라이어는 뜨거워져야 합니다. 진공청소기에는 먼지 봉투가 있어야 합니다.

꼭 그래야 할까요? 다이슨 선풍기는 날개가 없습니다. 다이슨 헤어드라이어는 뜨거워지지 않습니다. 다이슨 청소기는 먼지 봉투가 없습니다.

상식을 깨는 가전제품을 만드는 회사, 다이슨은 어떻게 만들어졌을까요?

다이슨의 창립자 제임스 다이슨은 어린 시절부터 만드는 걸 좋아했습니다. 학업 성적은 좋지 않았지만 미술과 목공 수업만은 열심이었지요.

다이슨은 포기하지 않는 학생이기도 했습니다. 과외 활동에서 특히 그랬습니다. 그가 했던 과외 활동은 오케스트라와 육상이었습니다. 그는 근성으로 누구보다 뛰어난 육상선수가 되었습니다. 또한 교내 오케스트라에서 바순을 맡아서 연주했는데, 피나는 연습 끝에 최고 수준 실력까지 올랐습니다.

대학에서 회화를 전공했던 다이슨은 가구 디자인 및 인테리어 디자인에 관심이 생깁니다. 다이슨은, 예술은 소수의 엘리트가 작품의 가치를 정한다고 생각했습니다. 반면 공학은 다수의 대중이 인정하고 잘 팔리면 그게 성공이지요. 그는 공학의 이런 점에 매력을 느꼈고, 결국 산업디자인으로 전공을 바꿨지요.

졸업 후 엔지니어가 된 그는 젊은 시절부터 빠르게 성공합니다. 첫 번째 성공은 손수레였습니다. 기존 손수레는 바퀴 자국이 남습니다. 정원 작업에서는 이 바퀴 자국이 큰 걸림돌이었지요. 다이슨은 바퀴를 대신해 물을 채운 플라스틱 공을 만들었습니다. 덕분에 자국 없이 정원 작업을 할 수 있었지요. 이 손수레는 크게 성공했습니다.

그러나 큰 성공은 곧 재앙이 되었습니다. 그의 성공을 시기한 회사의 공동 창업주들이 다이슨을 몰아낸 겁니다. 직업이 없어진 다이슨은 집 안 청소를 하던 중 먼지로 꽉 막힌 먼지 봉투 때문에 진공청소기의 흡입력이 떨어진다는 사실을 발견했습니다. 이후 그는 창고에 틀어박혀 청소기 개선을 연구합니다.

5년간 5,127개의 시제품을 만들며 연구한 끝에 그는 필터와 먼지 봉투가 없는 진공청소기를 만들었습니다. 원심력과 깔때기를 이용한 토네이도 형태였습니다. 공기를 빠른 속도로 회전시켜 먼지를 필터 없이 분리해 내는 기술을 만든 거지요.

기술을 만드는 게 끝이 아니었습니다. 사업을 위해서는 파트너를 찾고, 기술 특허를 보호해야 했습니다. 회사들은 계약을 망설였습니다. 정당한 대가를 주지 않고 기술을 도용하려는 사람들도 많았지요. 수많은 계약 실패와 법적 분쟁 끝에 다이슨 청소기는 간신히 성공적인 사업이 되었습니다. 다이슨 또한 새로운 회사가 거의 없는 가전제품 시장에 오랜만에 등장한 신생 기업이 되었지요.

첫 성공 이후 제임스 다이슨은 지금도 엔지니어로 활발하게 활동 중입니다. 엔지니어와 디자이너를 이끌며 날개 없이 시원한 바람을 내뿜는 선풍기와 뜨거워지지 않는 헤어드라이어도 만들었지요.

모두 사소해 보이는 기술을 다른 상황에 응용해 생활을 편리하게 만든 실용적인 기술들입니다.

무언가를 만들고 조립하는 일이 생각하고 서류 작업을 하는 일, 예술 작품을 만드는 일들보다 별로라고 생각하는 사람들이 있습니다. '공부'를 높게 치는 사회 분위기 때문일까요?

하지만 세상에 서류를 만드는 일만 필요한 건 아닙니다. 예술만 필요한 것도 아니고요. 우리가 쓰는 물건을 만드는 사람도 필요합니다. 이런 일 또한 예술가, 사무직과 마찬가지로 중요하고 꼭 필요한 일입니다.

공부, 예술뿐만 아니라 새로운 물건을 만드는 일에도 관심을 가져 보면 어떨까요? 원래 화가를 꿈꿨지만 사람들이 실제로 필요로 하는 물건을 만드는 일에 더 큰 흥미를 느껴 세계 최고의 엔지니어가 된 제임스 다이슨처럼 말이죠.

김빛내리

사진제공 : 기초과학연구원

"과학은 혼자 하는 게 아니다"

생물학자이자 서울대학교 석좌교수. 서울대학교 및 대학원에서 미생물학을 전공
했으며, 옥스퍼드대학교 대학원에서 생화학 박사 학위를 받았다. 서울대학교 생명
과학부 교수로 재직하며 마이크로RNA를 통한 유전자 및 세포 조절을 이해하는
연구를 했다. 현재 기초과학연구원 단장으로 RNA 연구를 이끌고 있다.

김빛내리 교수는 '로레알 유네스코 세계 여성과학자
상', '올해의 여성과학기술자상', '대한민국 최고과학인상'
등 과학자가 받을 수 있는 대부분의 상을 받았을 뿐만
아니라, 논문 인용도 많이 되고 있습니다. 70명의 연구원과 함께 RNA
를 연구하는 세계적인 과학자, 김빛내리 교수는 어떻게 과학자의 길
을 걷게 된 걸까요?

김빛내리는 어린 시절부터 공부를 좋아했습니다. 고등학교 때 장
래희망으로 과학자가 되기로 마음먹고는 친척 오빠에게 진로를 상담
했는데, 오빠는 생물학을 하라고 추천했습니다. 당시에는 여성이 다
른 종류의 과학을 하는 경우가 별로 없었기 때문입니다. 고민 끝에
그녀는 서울대학교 미생물학과에 진학했습니다.

김빛내리는 서울대학교 미생물학과를 거쳐 옥스퍼드대학교에서 생
화학 박사 학위를 받았습니다. 연구는 즐거웠고, 앞으로 펼쳐질 진로
도 탄탄해 보였습니다.

하지만 위기가 찾아옵니다. 결혼 후 임신을 하고, 1년이 넘는 기간
동안 아무 일도 못 하고 아이를 돌봤습니다. 다시 과거 시절로 돌아
가기 어려워 보였습니다. 다행히도 김빛내리의 가족들은 적극적으로
그녀를 지원했습니다. 덕분에 미국 펜실베이니아대학교 대학원에서
박사 후 연구원으로 일할 수 있었습니다.

이후 서울대학교 계약직 연구교수가 되었는데, 연구에서 실적을 내
지 못하면 쫓겨날 상황이었습니다.

위기 때 그녀의 해결책은 '모임'이었습니다.

김빛내리는 연구로 빠듯한 시간에도 대학원생들과 토론했습니다. 학회 세미나는 물론, 모임을 만들어 해외 논문을 연구했습니다. 이 모임은 RNA를 연구하는 모임이었습니다. 돈이나 목적 없이 만났던 이 모임에서 김빛내리 교수의 빛나는 연구 아이디어들이 나왔습니다.

김빛내리는 매일 아침 일어나서 오늘 해야 할 일 목록을 만들었습니다. 그리고 우선순위를 매겨 중요한 일만 했습니다. 집안일은 물론 심지어 연구에서도 마찬가지였지요. 그녀는 '마이크로RNA 합성'이라는 딱 한 분야만 집요하게 물고 늘어졌습니다.

마이크로RNA란 단백질을 만들지 않는 RNA로, 유전자들을 조절하고 세포의 다양한 기능을 만들어 낼 수 있습니다. 또한 마이크로RNA는 배아 발생과 줄기세포 연구, 암 발생 연구 등에 사용할 수 있어 난치병 치료에 큰 성과를 낼 수 있지요.

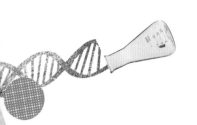

연구실에서도 그녀는 철저하게 팀으로 일했습니다. 생물학 출신이지만 물리학부나 컴퓨터학부 등 타 분야 연구자까지 모아서 드림팀을 만들었습니다.

이후 연구 성과가 쏟아지기 시작합니다. 2002년에 김빛내리 교수는 '마이크로RNA의 생성 과정'을 밝혀냅니다. 2003년에는 마이크로

RNA를 만드는 드로서 단백질 복합체를 찾아냈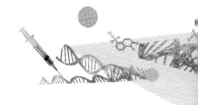
지요. 이후 드로서 단백질 복합체의 부위별 기
능까지 밝혀냈습니다. 마이크로RNA는 고장 날
경우 암을 만들 수 있는 물질입니다. 마이크로RNA는 암 치료법에
다가갈 수도 있는 귀중한 연구인 셈이죠.

  김빛내리는 지금도 선후배 연구자들과 협업하며 생명의 신비를 끊
임없이 탐구하고 있습니다. 본인의 연구뿐 아니라, 이를 토대로 후배
연구자들이 멋진 연구를 하길 기대하면서 말입니다.

공부는 혼자 하는 거라고 믿는 사람들이 많습니다. 그래서 함께하는 과제를 주면 많
이들 꺼려하기도 합니다.
사실은 공부를 포함해서 모든 일은 함께하는 겁니다. 학교 연구도 마찬가지지요. 직
접 실험하는 사람, 모델을 만드는 사람, 통계를 분석하는 사람, 심지어 홍보하는 사
람, 연구비 관리를 하는 사람까지 모두 한 팀이 되어야 진짜 좋은 연구가 됩니다.
학교에서는 혼자 공부하는 일만 강조하다 보니 이런 걸 잊게 되는 경우가 많습니다.
어른들이 만든 교육 제도 탓이겠지요. 어떤 경우에도 '일은 함께하는 거다'라는 생각
을 가져 보면 어떨까요? 거기에 성공 비법이 담겨 있을지도 모릅니다. 협업을 통해
생물학 연구에서 권위자가 된 김빛내리 교수처럼 말이죠.

김용

"인생은 실천이다"

현 세계은행 총재. 브라운대학교를 거쳐, 하버드대학교에서 인류학 박사와 의학 박사 학위를 받았다. 하버드대학교를 다니던 중 NGO 단체 파트너스인헬스(PIH) 를 설립했다. 하버드대학교 의과대학 교수, 세계보건기구 에이즈국 국장을 역임했 다. 2009년에는 한인 최초로 다트머스대학교 총장이 되었으며, 2012년부터는 세 계은행 총재로 재직 중이다.

김용 세계은행 총재는 요즘 말로 하면 '엄마 친구 아
들'입니다. 미국 이민자인 그는 고등학생 시절 전교 1등
도 모자라 프롬 킹이었지요.(간단히 말하면, 학교 '인기 짱'
이었다는 말입니다.) 또한 미식축구에서 리더인 쿼터백이었고, 농구팀
주전 포인트 가드에, 한인회 회장이기도 했습니다. 인종 차별은 물론
이고 동네에 동양인이 거의 없던 아이오와에서 이뤄 낸 성취입니다.

　　전교 1등을 도맡아 했던 김용은 브라운대학교에 진학했습니다. 학
과는 아직 정하지 않았을 때였습니다. 첫 번째 방학 때, 김용은 공항
에서 집까지 아버지와 함께 가는 동안 많은 이야기를 나누었습니다.
　　김용은 항상 사람들을 돕고 싶어 했습니다. 봉사하기 위해서는 사
람들의 역사와 문화를 배워야 한다는 생각에 '인류학'을 배우고 싶었
지요. 차 안에서 김용은 아버지에게 인류학을 배우고 싶다고 말했습
니다.
　　아버지는 도로 변에 차를 세웠습니다. 그리고 차갑게 아들에게 말
했습니다.
　　"미국이 너 같은 차이나맨(동양인을 비하하는 속어)에게 무엇을 해 줄
것 같으냐? 기술을 배워야 한다."
　　미국에서 인종 차별에 맞서 의술이라는 '기술'만을 가지고 가족을
먹여 살렸던 아버지는, 외국인이 기술 없이 사는 것이 얼마나 어려운
것인지를 잘 알고 있었던 거지요.
　　고민 끝에 김용은 하버드대학교 의과대학에 들어갑니다. 하지만
그에게는 세상을 바꾸고 싶은 의지가 남아 있었습니다. 김용은 의학

대학원을 다니면서 하버드대학교 일반 대학원에서 인류학 박사 학위도 함께 받았습니다.

김용은 대학원을 다니면서 동료 의사 폴 파머와 함께 '파트너스인헬스'(Partners in Health)라는 의료 NGO를 설립합니다. '봉사'라는 자신의 꿈과 '의술'이라는 현실적인 기술을 결합한 거지요.

난순 진료에 그치지 않고 의료 체계를 설계하고, 제약회사와 협상하여 저가로 약품을 제공하고, 간호사와 의료 공급자를 훈련하는 체계적인 NGO를 설립한 것입니다. 이를 통해 잠깐 의료 봉사를 하고 떠나가는 다른 NGO보다 훨씬 더 큰 도움을 줄 수 있었습니다. 파트너스인헬스는 곧 중남미 최대 NGO가 됩니다. 의료 기술을 배운 것이 사람들을 돕고 싶은 꿈을 실현하는 데 큰 도움이 된 셈입니다.

NGO에서의 공로를 인정받아 김용은 2009년 아이비리그 중 하나인 다트머스대학교의 첫 한국인 총장이 되었습니다. 그리고 2012년에는 세계은행 총재에 취임했습니다. 백인이 아닌 첫 세계은행 총재였지요.

김용은 대학 총장 시절, 어려운 사람들을 돕고 싶다는 학생들을 많이 만나 봤다고 합니다. 김용의 대답은 재미있게도 아버지가 대학생 시절 자신에게 해 주었던 충고와 비슷하면서도 달랐습니다.

"봉사를 하러 가면, 그 누구도 '우리나라의 역사와 문화를 알고 계세요?' '제 고통에 공감해 주실 수 있나요?' 같은 질문을 하지 않습니다. 오로지 '구호품은 얼마나 가져오셨나요?'라는 질문만 합니다."

결국, 남을 돕는 일에서도 공감이나 지식, 말보다는 '실천'이 우선이라는 것입니다. 그리고 실질적인 구호품을 가지고 오는 실천 능력에 있어서 의사 김용을 능가하는 봉사자는 없었습니다. 덕분에 그는 세상 그 누구보다 많은 사람을 도울 수 있는 위치에 섰습니다.

꿈과 이상은 중요합니다. 꿈과 이상이 삶의 의미라고 생각하는 것이 인간이니까요. 하지만 생존을 위해서는 물론이고, 어쩌면 꿈과 이상을 위해서도 우리에게 필요한 것은 '실천'과 그 실천을 할 수 있게 해 주는 '기술'일지도 모릅니다. 처음에 김용은 아버지의 충고를 따라 '살기 위해서' 기술을 배웠습니다. 하지만 기술을 배우고 나니 오히려 자기가 가진 꿈을 더 크게 실현할 수 있었습니다.

큰 꿈을 갖고 있나요? 그렇다면 그에 걸맞은 기술을 배워 보면 어떨까요? 생존을 위한 안전 장치가 될 뿐 아니라, 꿈을 실현하는 데도 큰 도움이 됩니다. 의사로서 기술을 배운 덕분에 경제적 자립은 물론, 꿈을 실현하는 데도 큰 도움을 받은 김용처럼 말이죠.

윤종신

" 성실함이 최고의 전략이다 "

가수 겸 음악 프로듀서. 1990년 그룹 공일오비(015B)의 객원 가수로 가요계에 데뷔했다. 「오래전 그날」 「배웅」 「환생」 「본능적으로」 「좋니」 등 다양한 히트 곡을 발표하며 싱어송라이터로 인정받았다. 그 밖에도 성시경의 「거리에서」, 박정현의 「오랜만에」, 김연우의 「이별택시」 등 다른 가수의 곡을 작사, 작곡하기도 하였다. 2011년에 미스틱89(미스틱엔터테인먼트)를 설립, 대표이사를 거쳐 현재 대표 프로듀서로 활동 중이다.

놀라운 일이 일어나고 말았습니다. 쉰을 바라보는 가수 윤종신의 곡 「좋니」가 TV 음악 방송에서 1위를 차지하더니, 골든디스크 디지털 음원 부문 본상을 차지한 겁니다. 서른만 되어도 살아남기 어렵다는 음악계에서 시간이 지날수록 영역을 넓히고 있는 윤종신의 비결은 무엇일까요?

대학 시절, 음악 그룹 공일오비(015B)의 리더 정석원은 윤종신을 대학 교내 가요제에서 발굴합니다. 정석원은 자신의 그룹 데뷔 앨범에 객원 싱어로 윤종신을 기용했습니다. 그렇게 발표한 공일오비의 1집 타이틀곡 「텅 빈 거리에서」는 큰 성공을 거두었고, 윤종신은 가요계에 데뷔합니다.

객원 가수로 가창력을 먼저 인정받았던 윤종신은 이후 작곡과 작사를 하며 싱어송라이터(작사, 작곡, 가수를 겸하는 사람)로도 입지를 넓혀 갑니다. 특히 12집까지 쉬지 않고 음반을 발매한 성실함이 윤종신의 장점이었습니다.

윤종신은 프로 작곡가, 작사가로도 활동합니다. 박정현, 성시경 등 자신의 감성을 잘 표현해 주는 가수와 함께 「나의 하루」 「거리에서」 등의 히트 곡을 만들었습니다. 특히 작사가로는 새로운 표현 영역을 개척하는 혁신가로 알려지기도 했지요.

어디로 가야 하죠 아저씨
우는 손님이 처음인가요
달리면 어디가 나오죠
빗속을

김연우가 부른 「이별택시」의 가사에 발라드에 감히 넣을 수 없는 '아저씨'라는 단어를 넣는다던지, 「팥빙수」 「영계백숙」 등 요리 레시피나, 음식이 소재가 된 곡을 만들기도 했습니다.

또한 그는 가수를 기획하는 제작자로도 활약했습니다. 기획사 '미스틱89'를 만들어 에디킴, 장재인, 하림, 조정치 등 동료 뮤지션을 발굴하여 대중들에게 음악을 선보인 거지요. 그러면서 자신만의 세계를 더욱 확고하게 만들어 나갔습니다.

가수로 가요게에 나왔던 윤종신이 작사가, 작곡가, 그리고 제작자로 인정받는 데는 많은 사람의 도움이 있었습니다. 자신을 발굴해 가요계로 이끈 정석원뿐만 아니라 유희열, 하림, 조정치 등의 훌륭한 음악인의 도움이 있었던 거지요. 윤종신은 그들의 재능을 받아 올 뿐만 아니라, 더 좋게 다듬어 그들이 혼자 할 때보다 오히려 더 좋은 색깔로 만들어 내는 재능을 갖고 있었습니다.

화합과 조율에 탁월했던 윤종신에게도 고집스러운 면이 있었습니다. 자신이 맞다고 생각한 것에 대해서는 누구보다 고집이 강했던 거지요. 앨범 단위 음악이 단 며칠간의 음원 차트 순위로 인해 승패가 나뉘는 음반 시장의 현실에 윤종신은 저항했습니다. 그는 '월간 윤종신'이라는 이름으로 매월 한 곡씩 가볍게 음악을 발표하기로 합니다. 그만의 방식으로 현실에 저항한 거지요. 홍보는 대신 최소화했습니다. 덕분에 음악을 만드는 비용이 줄어 부담도 덜었습니다.

"아무도 알아주지 않더라도 뚜벅뚜벅 걷다 보면 누군가 알아줄 거예요. 중요한 건 좋은 음악을 누구보다 꾸준히 만드는 일이죠. 그건 자신 있어요."

처음에는 음원 차트 100위 안에도 들지 못하는 음악이 쌓이는 듯했습니다. 하지만 꾸준히 발표한 곡들이 쌓이면서 윤종신의 음악을 좋아하는 사람들이 그의 곡을 찾아 듣기 시작했습니다. 그 오랜 노력의 결실이 바로 1위 곡 「좋니」입니다. 「좋니」는 미스틱엔터테인먼트의 부정기 음악 프로젝트인 '리슨'의 일환이었습니다. 가벼운 마음으로 던졌던 곡이 입소문을 타고 발매 후 한참의 시간이 지난 후에야 1위 곡이 되었습니다. 윤종신의 고집이 빛을 발하는 순간이었습니다.

"열심히 노력하면 성공한다."
모두가 아는 말입니다. 하지만 실천은 어렵습니다. 노력한 결과가 빛을 보기까지 시간이 걸리는데, 그 시간 동안 아무런 변화가 없으니 포기하게 되는 거지요.
윤종신도 마찬가지였습니다. "꾸준히 활동하다 보면 기회가 온다." 말은 쉽습니다. 하지만 7년 넘게 매달 곡을 발표하는 건 쉬운 일이 아닙니다. 인기가 줄었다 싶으면 그 실망을 견디지 못하고 음악을 더 이상 만들지 않는 경우가 많습니다. 그러나 윤종신은 꾸준히 음악을 만들었습니다.
실패하더라도 포기하지 않고 본인이 하는 일에 노력하다 보면 언젠가 성공의 기회를 잡을 수 있습니다. 음악을 꾸준히 발표한 끝에 결국 대중을 설득한 가수 윤종신처럼 말이죠.

네이트 실버

" 수학으로 세상을 풀어내는 남자 "

미국의 통계전문가이자 저널리스트. 시카고대학교에서 경제학을 전공한 후, 컨설턴트로 일했다. 미국의 야구 전문 매체 '베이스볼 프로스펙터스'(Baseball Prospectus)에 통계학을 접목한 야구 칼럼을 올려 스포츠 평론가로 활동했으며, 통계적으로 선수의 성적을 예측하는 시스템 페코타(PECOTA)를 만들었다. 이후 정치 블로거로 전업, 개인 블로그와 「뉴욕 타임스」를 거쳐 ESPN이 인수한 본인 블로그 '파이브서티에이트'(FiveThirtyEight.com)에서 정치 및 다양한 분야를 통계로 분석한 칼럼을 쓰고 있다.

미래에 어떤 일이 벌어질지 미리 알 수 있다면 얼마나 좋을까요? 어떤 회사가 잘될지 알아내 그 회사에 투자해서 큰돈을 벌 수도 있고, 어떤 번호가 당첨될지 알수 있으니 당첨금도 받을 수 있을 테고요. 그래서 '미래를 보는 능력을 가진다면?'이라는 가정으로 시작하는 영화도 참 많습니다. 그런데 현실에서 미래를 보려 노력하는 사람이 있다면 어떨까요?

미국 미시건주에서 태어난 네이트 실버는 어린 시절 평범한 학생이었습니다. 뛰어난 게 있었다면 수학을 잘했다는 거였죠. 글쓰기도 좋아해 고등학교 때는 신문부 활동을 하기도 했습니다.

그는 성인이 되어 수학 잘하는 학생이 할 수 있는 일을 했습니다. 명문 대학교를 나와 돈을 다루는 직업인 금융 컨설팅 일을 택한 겁니다. 돈도 잘 버는 번듯한 직장이었지만 행복하지는 않았습니다.

일에 재미를 느끼지 못한 네이트 실버는 그 대안으로 취미를 찾았습니다. 바로 야구입니다. 네이트 실버는 야구에 자신의 특기인 '수학'을 보태어 독특한 방법으로 야구 경기를 즐겼습니다.

네이트 실버는 먼저 개별 야구선수들의 성적을 분석했습니다. 그의 특기인 통계 지식을 활용한 거지요. 자료 분석을 통해 앞으로 이 야구선수가 어떤 성적을 낼지를 예측하는 시스템을 만든 것입니다. 통계 근거 없이 선수의 경기 실적을 예측하던 당시로는 충격적인 방식이었습니다.

"잘 뛰는 거 같다. 공을 잘 치는 거 같다. 뭐 이런 걸로 어떻게 선수의 성적을 예측하겠다는 거야? 그 선수가 지금껏 낸 성적이 어땠는지를 살펴보면 답이 나오잖아."

네이트 실버는 자신이 분석한 내용을 야구 팬 사이트에 올리기 시작했습니다. 주관적인 의견보다는 통계에 근거해서 쓴 글이었지요. 그의 분석은 척척 맞아 떨어졌습니다. 이 일로 네이트 실버는 스포츠계의 스타가 됩니다. 회사에서 일을 해서 버는 돈보다 야구 경기를 분석한 글로 버는 돈이 더 많아지자 네이트 실버는 회사를 그만두고 본격적으로 스포츠 분석가가 되었습니다.

그러나 스포츠 분석도 점차 힘들어졌습니다. 네이트 실버가 유명인이 되면서부터 스포츠를 분석하는 통계학자도 늘고 경쟁도 치열해졌습니다. 매일같이 전국을 돌아다니면서 글을 쓰고, 방송하고, 또 선수의 기록을 분석해서 미래 성적을 예측해야 했습니다. 더 정확하게 성적을 예측하는 사람이 나오지 않도록 계속 연구해야 했던 겁니다. 그는 점차 지쳐 갔습니다.

고민 끝에 네이트 실버는 또 하나의 취미를 찾았습니다. 정치입니다. 그는 익명으로 정치 팬 사이트에 대통령 선거 예측 글을 올렸습니다. 이전과 마찬가지로 통계를 근거로 쓴 글이었습니다.

기존 대통령 선거 예측은 정치 평론가들의 주관적인 해석이 대부분이었습니다. '이 사람은 나와 비슷한 주장을 하는 사람이니까 당선될 거다.'와 같은 식이었지요. 그러나 네이트 실버는 달랐습니다. 과거의 모든 여론조사 결과를 모은 후, 이를 자기만의 분석을 통해 결론을 내렸습니다.

수학을 사용해서 자기주장에 대한 이유와 근거를 만든 네이트 실버의 예측은 그 누구보다 정확했습니다.

그는 의회 선거와 대통령 선거를 정확하게 예측하면서 이번에는 정치계의 스타가 됩니다. 통계를 사용해서 만든 선거 판도 예측 글은 정치 뉴스 구도를 완전히 바꾸었습니다. 자신의 주관적인 의견보다는 수학적 사실에 근거한 의견을 썼기 때문입니다. 덕분에 그는 누구보다 정확하게 미래를 예측할 수 있는 사람이 되었습니다.

글을 잘 쓰려면 어떻게 해야 할까요? 일단 무턱 대고 글을 써 봐야 할까요?
네이트 실버는 글을 쓰기 전에 많은 자료를 분석하고 열심히 공부했습니다. 덕분에 그는 누구보다 정확한 스포츠 글, 정치 글을 쓸 수 있었습니다.
글쓰기뿐 아니라 어떤 일을 하든 마찬가지입니다. 일단 시작하기 전에 공부가 필요합니다. 하지만 생각보다 사람들은 공부하려 하지 않습니다. 그냥 하면 될 거라고 생각하지요. 사실은 이미 다 아는 것 같은 분야도 공부하다 보면 전혀 다른 새로움이 있는데 말입니다.
무슨 일이든 일단 시작하기 전에 다양한 자료를 모으고 공부해 보면 어떨까요? 처음에는 귀찮을지 몰라도 꼼꼼하게 공부하다 보면 나중에는 그 분야의 최고가 될 수 있습니다. 스포츠와 정치 분야에서 모두 전문가가 아니었지만 열심히 자료를 공부해 누구보다 정확한 예측을 할 수 있게 된 네이트 실버처럼 말입니다.

?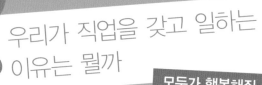
우리가 직업을 갖고 일하는
이유는 뭘까

모두가 행복해질 수 있는 방법을
고민하는 인물들의 이야기

강성태
김연아
나영석
배상민
김주윤
버락 오바마
함태호
어셈블

5

멀리 가려면 함께하기

강성태

사진제공 : 공신닷컴

"공부하지 마세요"

공부 멘토이자 사회적 기업 '공신닷컴'의 대표. 서울대학교 기계항공공학부를 졸업했다. 동생에게 공부 노하우를 가르치면서 공부 멘토의 필요성에 눈을 떠 2006년 '공신'을 시작, 이후 2008년 사회적 기업으로 발전시켜 '공신닷컴'을 만들었다. 공신닷컴은 빈부와 지역에 상관없이 대한민국 학생들에게 공부 멘토를 연결해 주는 곳이다. 2009년 소셜벤처 전국 경연대회에서 대상을 수상하기도 했다. 현재도 지상파 방송부터 오프라인 강연, 유튜브까지 다양한 장소에서 공부 노하우를 전수하고 있다.

"공부하지 마세요."

탄핵 정국에 한 공부 멘토의 이 말이 화제가 되었습니다. 공부법을 알려 주는 일을 하는 '공부 멘토'가 인터넷 방송 도중 학생들에게 '이런 시국에 어떻게 공부하라고 하겠냐'며 한 말입니다. 그는 '공부의 신' 강성태였습니다.

강성태는 누구일까요? 그는 2001년 수능에서 만점에 가까운 396점을 받아 서울대학교 기계항공공학부에 진학했습니다. 이후 그는 교육 봉사활동을 위해 시작한 공부 멘토링 사이트 '공신닷컴'으로 일약 스타가 됩니다.

공신닷컴은 사교육 회사로부터 인수 제의를 받았을 뿐만 아니라 강성태 자신은 새누리당 청년 비례대표라는 형식으로 국회의원 제의도 받았지요. 하지만 그는 이 모든 길을 포기하고 공부 멘토 일에만 집중하고 있습니다. 그는 어떻게 공부 멘토링을 시작하게 되었을까요?

강성태는 경북 문경에서 초등학교 2학년 때 서울로 전학 왔습니다. 몸도 약하고, 공부도 못했던 그는 심한 왕따를 당합니다. 한번은 이런 일도 있었습니다. 수업 시간에 눈이 마주쳤다는 이유로 학교 일진이 그의 얼굴에 침을 뱉었는데, 뭐라 말도 못 하고 침도 못 닦은 채 그냥 수업을 한 적이 있었지요.

잘하는 게 없었던 그는 '공부'에서 해답을 찾았습니다. 약한 친구들을 괴롭히던 일진들도 공부 잘하는 학생은 괴롭히지 않았습니다.

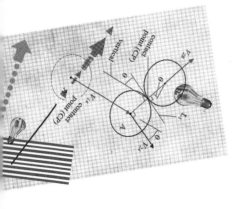

자기 동생만은 괴롭힘을 당하지 않았으면 좋겠다는 마음에서 강성태는 동생이 공부를 잘할 수 있도록 공부에 대한 공부를 시작합니다. '공부법' 연구의 시작이었습니다. 공부법을 연구한 덕에 강성태와 그의 동생 역시 서울대학교에 합격했습니다.

강성태는 남을 위해 공부법을 사용해야겠다고 마음먹습니다. 본인처럼 다른 학생들의 인생도 공부로써 구원받기를 바라는 마음에서 말이죠. 그렇게 '교육 기부'가 시작되었습니다. 본인이 연구한 공부법을 다른 학생들과 나눈 겁니다.

그가 수많은 성공의 길을 포기한 이유도 '공부로 학생들을 구하리라'는 믿음을 실현하고 싶어서였습니다. 그는 서울대학교를 졸업한 후에도 교육 기부에 집중했습니다. 당장 사회적 지위와 성공은 못 얻더라도, 본인에게 더 큰 보람이 있기 때문이었습니다.

공부를 통해 세상을 바꾸리라 믿었던 그에게 국정 농단 사건은 큰 충격이었습니다. 누구보다 공부를 잘했던 수많은 엘리트들이 정체불명의 사람에게 조종당했습니다. 사기 한 번 치면 성실하게 공부하는 사람보다 더 큰 성공을 합니다. 자녀도 대학을 손쉽게 들어갑니다. 이런 부조리한 현실 속에서 어떻게 학생들에게 공부하라고 말할 수 있을까요?

하지만 강성태는 이후 한 신문 매체와의 인터뷰에서 '그럴수록 공부가 필요하다.'라고 강조했습니다.

남을 위해서 공부하려면 그만큼 많이 배우고, 많이 알아야 합니다. 올바르게 열심히 공부해서 높은 자리에 가더라도 양심을 배반하고 원칙을 어기지 않는 사람이 많아질수록 국정 농단 사태와 같은 비극이 나오기 어려워질 테니까요.

지금도 강성태는 공부 멘토로 활발하게 활동 중입니다. 자신처럼 많은 학생들이 공부로써 구원받기를 바라면서 말이죠.

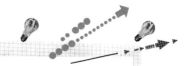

강성태는 본인이 '입시가 낳은 괴물'이라고 인정합니다. 하지만 세상에는 입시가 낳은 괴물이 너무도 많습니다. 공부를 잘해서 수능 시험에서 좋은 성적을 내는 것은 물론 중요합니다. 하지만 그보다 더 중요한 건 이후에 공부를 해서 배운 지식과 지위로 무엇을 하느냐가 아닐까요? 강성태에게는 보장된 성공의 길이 있었습니다. 하지만 공부 노하우를 나누는 일이 더 좋아 그 일에 인생을 걸었습니다.

어쩌면 공부는 자신과 타인 모두를 위해 하는 일일지도 모릅니다. 공부가 좋아 공부를 가르치는 데 인생을 걸고, 대한민국 모든 학생들의 공부 멘토가 되기 위해 노력 중인 강성태처럼 말이죠.

김연아

"라이벌이 있는 게 좋다"

전 피겨스케이팅 선수. 1996년 피겨스케이팅을 시작해서 초등학생 때부터 전국 동계체전에서 우승하는 등 전국구 선수가 되었다. 이후 ISU 주니어 그랑프리, 세계 선수권을 거쳐 2006년 ISU 그랑프리 트로피 에릭 봉파르에서 대한민국 최초로 1위를 차지하였고, 2010년 캐나다 밴쿠버동계올림픽에서 금메달을 목에 걸었다. 데뷔 후 참가한 모든 국제 대회에서 입상하였고, 11번의 세계 신기록을 경신했다. 2014년 은퇴 후에는 평창동계올림픽 홍보대사를 맡는 등 스포츠계를 지원하는 일을 하고 있다.

최고의 스포츠 스타라면 역시 김연아가 아닐까 싶습니다. 국민 여동생으로 시작해서 피겨 여왕이 될 때까지 국제 대회에서 수많은 업적을 쌓았습니다. 세계적으로도 역사상 가장 완벽한 피겨 선수 중 하나로 꼽힐 정도지요.

김연아는 어린 시절부터 피겨에 두각을 나타냈습니다. 초반에는 피겨 강국인 러시아와 일본 선수들에게 번번이 패했습니다. 특히 일본의 동갑내기 선수 아사다 마오가 강한 경쟁 상대였습니다. 아사다 마오는 일본빙상연맹의 전폭적인 지지를 받으며 주니어 선수권 대회를 석권했습니다.

김연아는 아사다 마오와 경쟁 구도를 형성했습니다. 허리 부상을 극복한 2008년 이후에는 아사다 마오보다 뛰어난 연기를 선보여 세계 최고의 피겨 선수가 되었습니다. 김연아는 고려대학교 대학원에 진학하였으며, 스포츠를 알리는 많은 활동을 하고 있습니다. 모두가 아는 김연아의 이야기입니다.

오늘은 조금 다른 이야기를 해 보려 합니다. 일본의 피겨 선수 아사다 마오에 관한 이야기입니다. 김연아와 아사다 마오는 서로의 인생에 어떤 존재였을까요?

김연아와 아사다 마오의 성적은 비슷하지 않습니다. 김연아가 압도적이죠. 하지만 초기에는 그렇지 않았습니다. 주니어 시절 김연아와 아사다 마오는 비슷한 승률로 1, 2위를 다투었습니다. 그중에서도 아사다 마오의 기량이 더 출중하다는 평이 많았지요.

한국은 당시 피겨스케이팅에 관심이 없었습니다. 오히려 일본 언론에서 김연아와 아사다 마오의 경쟁 구도를 조명했지요. 아사다 마오는 귀여운 외모와 천진한 성격으로 일본인들이 좋아하는 이미지를 갖고 있었습니다. 아이돌과 같은 인기를 얻은 아사다 마오를 돋보이게 하려면 같은 나이, 비슷한 체형에 정반대의 성격인 김연아가 라이벌로 가장 적합했습니다.

김연아는 차분하고 신중한 성격이 아사다 마오와 반대였습니다. 경기 스타일도 정반대였지요. 아사다 마오는 기본기가 부족하지만, 화려한 고난도 기술로 승부하는 선수였습니다. 반면 김연아는 고난도 기술보다는 안정적인 기본기로 빈틈없는 연기를 했지요.

소치동계올림픽 피겨스케이팅 여자 싱글 프리프로그램에서 열연하는 아사다 마오.

둘 사이의 경쟁 구도는 일본뿐 아니라 한국에서도 화제가 되었습니다. 한일전이라는 특수성과 한국보다 힘이 강한 일본빙상연맹의 정치력을 활용한 편파 판정 논란이 더욱 둘의 대결을 뜨겁게 만들었습니다. 비슷한 조건에 정반대의 성격을 가진 두 선수의 대결은 대회 때마다 전 세계 스포츠 팬들의 화제가 되었습니다.

경쟁이 뜨거웠던 만큼 승자와 패자가

갈릴 때 상처 또한 컸습니다. 선수 생활이 마무리된 시점에서 승자는 누가 봐도 김연아입니다. 승패가 갈리니 감정도 상합니다. 친한 사이였던 김연아와 아사다 마오는 반복되는 대회와 경쟁 속에서 점차 멀어졌다고 합니다. 언론과 대중이 매번 싸움을 붙이니 친해지기가 더욱 어려웠을 테지요.

혼자 가면 어려웠을지도 모릅니다. 돌이켜 보면 둘 사이의 대결은 두 선수 모두에게 도움이 된 것은 아닐까요?

아시아는 빙상 스포츠 강국인 러시아 등의 국가에 비교해 피겨에 강한 나라가 아니었습니다. 김연아와 아사다 마오는 함께 경쟁하면서 아시아에서 보기 어려운 놀라운 성적을 냈고, 두 사람 모두 세계 정상급 선수가 될 수 있었는지도 모르지요.

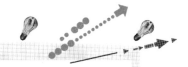

우리는 경쟁자를 싫어합니다. 경쟁자만 없으면 모든 게 잘 풀릴 것 같지요. 하지만 경쟁자는 우리를 더욱 노력하게 합니다. 서로가 경쟁하면서 스토리를 만들고 관심을 불러일으켜 모두가 발전하는 원동력이 되기도 합니다.
김연아와 아사다 마오는 서로가 서로 덕에 더 큰 화제가 되었고, 국제 대회에서 멋진 연기를 할 수 있었습니다. 경쟁자를 너무 나쁘게만 볼 필요가 없는 이유입니다.
경쟁에 몰입하되, 경쟁자는 미워하지 않는 지혜가 필요합니다. 미운 경쟁자였지만, 경쟁을 통해 서로의 성장을 도운 김연아와 아사다 마오처럼 말이죠.

나영석

"아웃사이더들의 모임"

방송 프로듀서. 2001년에 KBS 프로듀서로 입사하여 「출발 드림팀」「산장미팅 장미의 전쟁」 등의 조연출을 거쳐, 「1박 2일」을 연출해 이름을 알렸다. 이후 2012년 CJ로 이직해서 「꽃보다 할배」「알쓸신잡」「삼시세끼」 등 연출하는 프로그램마다 성공시키며 최고의 프로듀서로 자리매김했다. 2009년 제21회 한국PD대상 TV예능 부문 작품상 수상, 2015년 제51회 백상예술대상 TV 부문 대상을 수상했다.

나영석 PD의 예능을 즐겨 보는 사람들이 많습니다. 한 번 성공하기도 어렵다는 예능계에서 「1박 2일」부터 「꽃보다 할배」 「삼시세끼」 등 연출하는 프로그램마다 무패 행진을 이어 가고 있는 스타 PD지요. 2015년에는 예능 PD 최초로 백상예술대상에서 TV 부문 대상을 받기도 했습니다.

그런 그가 PD가 된 이유는 싱거웠습니다. '친구들과 모여 연극을 하면서 노는 것이 즐거워서'라는 이유였습니다. 프로그램으로 세상을 바꾸겠다거나 하는 거창한 목표는 없었던 거지요.

어린 시절 나영석은 공부는 잘했지만 딱히 꿈이 없었습니다. 특별한 꿈이 없으면 공무원이 제일 좋다고 한 아버지의 권유를 따라 연세대학교 행정학과에 진학했습니다.

이후 대학에서 연극반 활동을 하면서 자신이 무엇을 좋아하고, 뭘 해야 할지를 발견했습니다. 나영석은 특히 동료와 협업하면서 얻는 에너지가 가장 즐거웠습니다. 그래서 '희극'과 닮은 예능 PD를 직업으로 선택합니다.

하지만 정작 PD가 된 나영석은 회사의 아웃사이더가 됩니다. 지금도 그렇지만 당시 예능은 인맥 관리와 영업이 중요했습니다. 수줍음 많고 내성적인 나영석의 성격과는 잘 맞지 않았습니다.

실제로 나영석은 PD 시험 합격도 기획으로 해냈습니다. 「냉장고를 부탁해」를 연상시키는 기획으로 높은 점수를 받은 거였지요. 나영석은 사람 섭외도 인맥보다는 전작의 성공으로 쌓은 신뢰와 좋은 기획을 통해 하는 등, 섬세한 예능이 특기입니다.

이런 성격 탓에 나영석 PD는 주로 친한 사람들과 예능을 찍습니다. 프로그램 자체도 사람들의 따뜻한 면과 우정을 강조하는 소위 '사람 냄새 나는' 프로그램을 만들지요. 그런 프로그램을 만드는 사람이 정작 자신은 사람들과 지내기 어려워했다는 것은 재미있는 반전입니다.

그는 PD 생활 초기에 긴장을 많이 해서 실수도 잦았다고 합니다. 한번은 청룡영화제 시상식에서 사회자들에게 2부 시작을 잘못 알려줘서 사회자들이 늦게 도착한 적도 있었지요.

회사의 아웃사이더였던 그에게 자신과 비슷한 아웃사이더들이 찾아왔습니다. 바로 이우정 작가와 이명한 PD입니다. 셋은 조용한 성격뿐만 아니라 세밀한 기획 위주로 방송을 짜는 등 일하는 방식도 닮았습니다.

셋은 금방 친해졌고, 같이 협업을 시작했습니다. 아웃사이더들이 만든 예능은 성공을 거듭했습니다.

시작은 「1박 2일」이었습니다. 단순히 MT를 함께 떠나는 형식에 가까운 프로그램에 나영석 PD 특유의 섬세한 연출이 결합해 오랜 기간 장수하는 프로그램의 기틀을 쌓았습니다.

그러나 문제가 있었습니다. 매번 다른 여행지를 가야 하는 프로그램의 특성상 출연진의 피로가 쌓였습니다. 방송국에 '시즌제'를 주장했지만 받아들여지지 않았습니다. 고민 끝에 나영석 PD는 더 나은 제작 환경을 위해 CJ로 이적합니다.

　CJ에서 나영석 PD는 다시금 성공 신화를 쓰고 있습니다. 여행 프로그램과 요리 프로그램을 넘나들며 지상파 방송을 능가하는 시청률을 내고 있지요.

　더욱 고무적인 건 '브랜드'입니다. 나영석이라는 PD가 하는 프로그램은 믿고 보는 사람들이 생긴 겁니다.

　그렇게 수줍은 PD는 오늘도 '사람과 사람 사이'에 집중하며 사람 냄새 나는 예능 프로그램을 만들고 있습니다. 본인의 특기인 기획을 살려서 말이죠.

외로운 학생들이 있습니다. 평생 이렇게 살아야 되는가 걱정되기도 하지요. 나영석 PD도 외로운 사람이었습니다. 하지만 그 주변에 외로웠던 사람들이 모였습니다. 그렇게 동료들이 모이자, 새로운 흐름이 시작되었습니다. 어쩌면 그렇게 조금 아웃사이더이고, 비주류인 사람이 모일 때 진짜 재밌는 일이 시작되는지도 모릅니다.

현재 수줍은 성격으로 다른 사람들과 스스럼없이 못 어울려 외로운가요? 자신만 다른 사람으로 느껴지나요? 그래도 포기하지 않고 자신과 맞는 사람을 찾아보면 어떨까요? 그때부터 정말 멋진 일이 펼쳐질지 모릅니다. 외롭고 겉도는 PD였지만 동료를 얻어 누구보다 성공적인 프로그램 기획자가 된 나영석처럼 말이죠.

배
상
민

"그가 모든 걸 버리고 돌아온 이유"

카이스트 산업디자인학과 교수. 파슨스디자인스쿨에서 학사 및 석사 학위를 받았고, 27세에 동양인 최초이자 최연소로 파슨스디자인스쿨의 교수가 되었다. 세계적인 디자인 회사인 스마트디자인과 데스키에서 근무하며 코카콜라, 코닥, 3M 등과 작업했다. 이후 귀국하여 2005년부터 카이스트에서 산업디자인학과 교수로 있으면서 디자인 연구소 'ID+IM'을 설립해 나눔 디자인을 실천하고 있다. 세계 4대 디자인상을 모두 석권했으며, 2015년에는 레드닷 디자인 어워드에서 컨셉트 디자인 부문 대상을 수상했다.

긴 더벅머리, 치마인 듯 저고리인 듯한 검은 옷차림, 짙은 턱수염. 카이스트 산업디자인학과 배상민 교수의 모습입니다. 그는 세계 4대 디자인상에서 12년간 무려 50여 회 이상 수상한 세계가 인정한 디자이너입니다. 그는 어떻게 디자인 분야에서 최고의 자리에 오를 수 있었을까요?

학창 시절 배상민은 발레리노를 꿈꾸었습니다. 부모님은 그의 꿈을 완강하게 반대했고, 어쩔 수 없이 들어간 대학은 그와 맞지 않았습니다. 군대를 제대한 후 그는 사진을 배우기로 결심하고 어렵사리 미국 유학길에 오릅니다.

영어가 서툴러 웃음밖에 지을 수 없었던 유학생 시절, 배상민은 사진 수업에 실망하게 됩니다. 지구 반대편까지 왔건만, 본인과 맞지 않았던 거지요. 그러나 그의 디자인 실력을 눈여겨본 교수는 배상민에게 디자인을 해 보라고 권유합니다.

디자인은 본인에게 꼭 맞는 옷이었습니다. 배상민은 하루에 3~4시간씩 자며 미친 듯이 일합니다. 그는 코카콜라, 코닥, P&G, 샤넬 등 최고의 회사와 함께 일하는 디자이너가 되었으며, 27세 때 최연소로 파슨스디자인스쿨의 교수가 되기도 했습니다.

그런데 이상했습니다. 디자이너가 꿈꾸는 모든 걸 가진 그였지만 허전했습니다. 왜, 무엇을 위해 살고 있는지 의문이 들었습니다. 돈 많은 고객들에게 예쁜 물건을 디자인해 주고, 굳이 바꿀 필요가 없는 물건도 6개월에 한 번씩 버리고 새롭게 사도록 유도하는 디자인에 허탈감을 느꼈습니다.

"내가 뭘 만들고 있는 거지? 그냥 '예쁜 쓰레기' 아닐까?"

어머니가 떠올랐습니다. 배상민의 어머니는 엄격했지만 누구보다 따뜻했습니다. 어머니는 매주 호스피스에서 임종을 앞둔 환자를 돕는 봉사를 하느라 자식의 대학 졸업식에도 참여하지 않았습니다. 꽃길을 걷는 자신보다는 매일 나눔을 실천하는 어머니가 오히려 더 행복해 보였습니다.

배상민은 모든 명예와 지위를 버리고 귀국하여 카이스트 산업디자인학과 교수가 됩니다. 그러던 어느 날 한 단체로부터 '나눔'을 위한 물건을 디자인해 달라는 요청을 받습니다. 이거다 싶었습니다.

"10퍼센트만을 위한 디자인이 아닌 디자인을 꼭 필요로 하는 90퍼센트의 제3세계 사람들을 위하여 디자인하겠습니다."

'나눔 디자인'이야말로 그가 찾던 꿈이었습니다. 배상민은 열정적으로 디자인 연구에 매진했습니다. 직접 아프리카에 가서 아프리카 사람들과 같이 살면서 그들이 필요한 게 무엇인지를 알아봤습니다.

그렇게 해서 만든 게 바로 모기 퇴치 사운드 스프레이입니다. 가난한 나라에서는 모기가 옮기는 무서운 질병, 말라리아로 수많은 사람들이 죽습니다. 배상민은 모기가 싫어하는 소리를 내는 모기 퇴치 사운드 스프레이를 만들었습니다. 한번 나누어 주면 반영구적으로 모기를 막을 수 있는 제품입니다. 계속 모기 스프레이를 살 수 없는 오지에서 유용한 제품이지요.

러브팟 가습기도 재미있습니다. 화분처럼 생긴 통에 물을 채우면, 식물처럼 생긴 종이에서 자연스럽게 수분이 빠져나와 습기를 보충합니다. 고장이 날 일도 없고, 디자인도 멋지지요.

전기가 필요없는 친환경 가습기 러브팟.

그 외에도 물을 줘야 할 때를 알려 주는 화분, 십자가 모양 mp3 플레이어 등 다양한 제품을 만들었습니다.

이들 제품은 하나같이 공익적인 목적으로 쓰입니다. 지금도 그는 나눔 디자인을 통해 어려운 사람을 돕는 삶을 실천 중입니다.

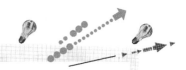

전 세계에서 대학에 간 사람은 1퍼센트밖에 안 됩니다. 한국에서 태어나고 자라 대학 교육을 받았다면, 이미 여러분은 1퍼센트 안에 든 것입니다. 그런 행운이 우리에게 오는 이유는 뭘까요? 우리끼리만 잘 먹고 잘살라는 걸까요? 배상민 교수는 그렇게 생각하지 않았습니다.

배상민은 누구보다 잘나가는 인생을 살아 보았습니다. 하지만 그런 삶을 살면서도 공허해 했습니다. 그러다가 어렵게 사는 사람을 도우며 나누는 삶을 살자 비로소 행복을 찾을 수 있었습니다.

여러분도 나만 잘되는 꿈보다는 남과 함께 나누는 꿈을 꿔 보면 어떨까요? 어쩌면 거기에 행복이 있을지도 모릅니다.

사진제공 : 닷

김주윤

"그들의 불편에 공감하기"

기업인. 워싱턴대학교를 다니던 중 유학 관련 업체 '드림링커스'와 유통 관련 업체 '웨곤'을 공동 설립했다. 2014년에 '닷'을 설립하여 시각장애인을 위한 스마트 시계 '닷 워치'를 개발했다. 닷은 2015년 국제 스타트업 올림픽 '겟 인 더 링 파이널'에서 우승했으며, 칸 국제 광고제에서 프로덕트 디자인 부문과 이노베이션 부문 황금 사자상을 수상했다.

한 한국 시계가 화제가 되었습니다. 스티비 원더, 안드레아 보첼리 등 월드 스타가 감탄한 제품이지요. 출시되기 전부터 이미 영국, 프랑스, 핀란드 등 15개 나라에서 150억 원 규모의 주문을 받았습니다. 또한 제품 광고는 칸 국제 광고제에서 한국 스타트업(설립한 지 오래되지 않은 신생 벤처기업) 최초로 황금사자상을 받기도 했습니다.

이 시계의 이름은 '닷 워치'입니다. 시각장애인을 위한 점자 스마트워치이지요. 닷 워치를 만든 회사 '닷'의 김주윤 대표는 20대의 젊은 기업인입니다. 그는 어떻게 시각장애인을 위한 시계를 만들게 되었을까요?

김주윤은 중학생 때부터 사업가가 되고 싶었습니다. 재일교포 사업가 손정의의 책을 보고 나서부터였지요. 이후 그는 고등학교를 졸업하고 미국으로 유학을 떠납니다.

사업의 나라 미국에서 김주윤은 일찍이 사업을 시작했습니다. 첫 번째 사업은 온라인 이력서 관리 서비스였습니다. 성공 가능성을 봤지만 개발자인 인도인이 중도 하차하면서 회사가 와해됩니다. 이 일로 김주윤은 '자신이 잘 아는 일을 해야 한다'는 것과 '나와 문화가 같고 믿을 수 있는 사람과 일해야 한다'는 사실을 배웠습니다.

두 번째 사업은 유학 정보 플랫폼이었습니다. 이번에는 한국인 유학생과 함께, 본인이 잘 아는 유학 시장에 대한 사업을 시작했습니다. IT 개발도 직접 배워서 했지요. 사업은 잘됐지만, 이번에는 법률이 발목을 잡았습니다. 유학생 신분으로 취직하면 안 된다는 경고를 받은 겁니다. 하는 수 없이 이번에도 일을 접어야 했습니다.

세 번째 사업은 공유 트럭 사업이었습니다. 운송이 필요한 업체들에게 영업을 하던 그는 이 일이 본인에게 맞지 않는다는 걸 발견합니다. 결국 5개월 만에 회사를 그만둡니다.

김주윤은 20대의 나이에 세 번의 실패를 경험했습니다. 더 이상 새로운 사업을 시작하지 말고 포기해야 할 것 같았지요. 하지만 실패의 쓰라린 경험에서 많은 것을 배웠고 다시 꿈을 펼쳐 보고 싶었습니다.

해답은 뜻밖의 곳에서 나왔습니다. 우연히 교회에서 시각장애인 친구를 만났습니다. 그는 비싸고 무거운 보조기구를 들고 다녔습니다. 이 보조기구가 있어야 수업이 가능해서, 아무리 비싸고 무거워도 시각장애인은 어쩔 수 없이 써야 된다고 말했습니다.

김주윤은 시각장애인의 안타까운 현실에서 가능성을 보았습니다. 대부분의 보조기구가 시각장애인의 불리한 입장을 이용해서 변화가 느리고 높은 가격을 유지하고 있다면, 현실적인 가격과 좋은 품질의 제품을 공급하면 되겠다는 생각이 들었습니다. 그렇게 '닷'이 시작됩니다.

닷의 시작에는 지난 세 번의 실패에 대한 고민이 모두 들어 있었습니다. 우선 실력 있고, 신뢰할 수 있는 한국인 공동창업자들과 함께했습니다. 법률에 대한 고민도 철저히 했지요. 무엇보다 '전 세계적으

로 가치가 있는 일'이라는 확신이 들었기
에 이전과는 달리 의욕 넘치게 도전할
수 있었습니다.

닷에서 처음으로 만든 제품이 바로
'닷 워치'입니다. 시각장애인용 스마트 워
치이지요. 미국에서 열린 장애인을 위한
정보통신 박람회 'CSUN'에서 시각장애
인 가수 스티비 원더의 극찬과 함께 각
광을 받았습니다. 이후 닷은 칸 광고제

시각장애인을 위한 닷 워치. 점자 셀이 튀어
나와 시간을 알려 주고, 스마트폰과 연동되
어 문자도 읽을 수 있다.

에서 황금사자상 및 국제 광고제 23개 부문 수상을 했고, 150억 원
의 선주문에 힘입어 제품을 출시하는 등 순항 중입니다. 닷은 점자
태블릿 등 전 세계 시각장애인을 위한 다양한 제품을 앞으로도 개발
할 계획입니다.

실패를 좋아하는 사람은 없습니다. 하지만 이렇게 생각해 보면 어떨까요? 사람은 실
패를 통해서만 배울 수 있습니다. 성공한 일을 통해서는 배울 게 없죠. 이미 잘하고
있다는 뜻이니까요.
세 번의 실패. 김주윤은 누구보다 고통스러웠을 것입니다. 하지만 누구보다 빨리 실
패를 해 본 덕에, 더 많은 배움을 얻었고 사업을 다시 시작할 수 있었습니다.
여러분도 무언가를 잘해 보고 싶다면 우선 시도해 보는 게 어떨까요? 성공하면 그걸
로 좋고, 실패해도 배울 점이 있을 것입니다. 누구보다 빠르게 실패한 덕에 누구보다
멋진 사업을 20대에 시작할 수 있게 된 김주윤처럼 말이죠.

버락
오바마

"혼란에서 그를 구원한 것"

미국의 정치가. 컬럼비아대학교에서 국제관계학을 전공했으며, 하버드대학교 로
스쿨에 입학해 흑인 최초로 「하버드 로 리뷰」 편집장이 되었다. 이후 일리노이주
에서 인권 변호사로 활동하며 시카고대학교에서 강의했다. 1997년부터 2004년까
지 일리노이주 상원의원을 역임, 2009년에 미국 대통령에 당선되었고, 재선에 성
공해 2017년까지 대통령을 지냈다. 2009년에 노벨 평화상을 수상했다.

오바마 전 미국 대통령은 미국 역사상 훌륭한 지도력을 보여 준 대통령입니다. 그는 경제 위기를 훌륭하게 극복했으며, 재임 기간 동안 실업률도 낮았지요. 그런가 하면, 오바마 대통령은 레이건 이래 가장 말싸움의 대상이 되는 대통령 중 하나기도 합니다. 전 국민 건강보험법(오바마케어) 등 그의 진보적인 정책을 싫어하는 사람도 많았기 때문입니다. 뛰어난 사람이지만 싫어하는 사람도 많은 오바마 대통령. 그의 과거는 어땠을까요?

오바마의 가정 환경은 그 누구보다 복잡했습니다. 아버지는 케냐 출신의 경제학자였지요. 고향에 이미 아내가 있었음에도 불구하고, 하와이대학교 유학 시절 오바마의 어머니를 만나 결혼했습니다. 그리고 오바마가 두 살 때 어머니와 이혼하고 케냐로 돌아갔습니다. 이후 오바마의 아버지는 두 번 더 결혼했고, 깨끗하지 않은 사생활로 하버드대학교 학생 비자가 취소되기도 했습니다. 그는 오바마가 대학생이던 시절 음주 운전 중 사고로 삶을 마감합니다.

오바마의 어머니는 아버지와 이혼 후, 하와이대학교에서 인도네시아 유학생을 만나 결혼했습니다. 오바마는 새아버지를 따라 인도네시아에 가서 살기도 하고, 미국 캔자스주에 있는 외갓집에서 살기도 하는 등 한 곳에 정착하지 못하고 이리저리 떠돌며 혼란스러운 어린 시절을 보냈습니다.

오바마는 문화적으로도 복잡한 환경에서 자랐습니다. 종교만 봐도 그의 생부와 새아버지는 이슬람 교도였고, 어머니는 무신론자, 외갓집은 독실한 기독교 집안이었습니다. 학교도 가톨릭 학교를 다니다가 이슬람 학교로 전학을 가기도 했습니다. 학교생활에 적응을 못 해서 집에서 홈스쿨로 공부하기도 했지요.

하와이에서 사는 동안에는 흑인이 거의 없는 환경에서 외롭게 지내기도 했습니다. 이동이 잦고, 마음 둘 곳이 없는 혼란 속에서 오바마는 운동에 미쳐도 보고, 친구들과 방황하는 등 방향이 없는 삶을 살았습니다.

그런 그가 '투자철회운동'을 만나고, 정치에 관심을 두기 시작하면서 삶이 바뀌기 시작했습니다. 투자철회운동이란, 주식과 채권 등을 매각함으로써 기업에 압력을 가하려는 운동인데, 오바마는 남아프리카공화국의 인종 차별에 대항하여 미국 기업들이 남아프리카공화국에서 철수하도록 사람들의 힘을 모았습니다.

오바마는 정치를 하기 위해서는 우선 공부를 잘해야겠다고 결심했습니다. 오바마는 당시 평범한 대학교를 다니고 있었는데, 오바마의 표현을 빌면, '수도승처럼' 공부해서 컬럼비아대학교에 편입했다고 합니다. 졸업 이후에는 지역사회 조직을 주도하다가 하버드대학교 로스쿨에 입학하였고, 상위 10퍼센트의 우수한 성적으로 졸업했습니다. 또한 권위 있는 하버드대학교 로스쿨 학술지 「하버드 로 리뷰」의 흑인 최초 편집장이 되어 미국 사회의 스타가 되기도 했습니다.

어려서부터 흑인 사회에서도, 백인 사회에서도, 아시안 사회에서도, 이슬람 사회에서도 인정받지 못했던 이방인 오바마는 남을 돕는 일에서 자신을 발견했습니다. 자기보다 더 힘들게 사는 시카고 흑인 빈민들을 도와주려면 정부 지원이 필요했지요. 그는 세상을 바꾸기 위하여 정치를 시작했습니다.

"변화는 다른 사람이 다른 시간에 해 주기를 기다리면 오지 않습니다. 우리가 바로 우리가 기다리던 사람이고, 지금 이 순간이 우리가 기다리던 순간입니다."

하버드대학교 졸업 후 오바마는 흑인 빈민 사회 운동을 시작했습니다. 인권 변호사로서, 또 조직 운동가로서 말이지요. 그런 노력을 인정받아 오바마는 일리노이주 상원의원에 당선됐습니다. 이후 오바마는 정치계에 돌풍을 일으키며 미국 대통령이 되었고, 훌륭히 임기를 마쳤습니다.

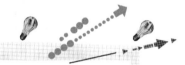

오바마는 그 누구보다 혼란스러운 환경에서 자랐습니다. 그래서 오랜 기간 방황을 했지요. 혼란과 방황을 극복할 수 있었던 것은 남을 돕기 위해 더 큰 힘을 얻고 싶다는 목표 덕분이었습니다. 그리고 그 혼란을 극복하자, 복잡한 오바마의 가정사는 '새로운 미국'의 리더에게 더없이 좋은 배경이 되었습니다.
지금 삶이 힘든가요? 그럴수록 '남을 돕는 일'에 집중해 보면 어떨까요? 받는 일보다 도리어 주는 일이 더 힘을 줄지 모릅니다. 남을 돕기 위해 자신을 키워 결국 대통령의 자리에 오른 오바마처럼 말이죠.

함태호

" 우리에게도 이런 부자가 있었다 "

식품회사 오뚜기 창업자. 1969년 풍림상사를 설립해 국내에 카레를 선보였고, 이후 토마토 케첩, 마요네즈를 한국에 처음으로 소개했다. 1973년 회사 이름을 '오뚜기'로 바꾸었다. 장학사업과 학술연구 지원사업을 위해 1996년에 오뚜기재단을 설립하여 장학금 지원, 한국심장재단을 통해 심장병 어린이들을 후원하고 있다. 2005년 석탑산업훈장, 2011년 국민훈장 동백장을 받았다. 2016년에 별세했다.

대기업 회장님이 세상을 떠났습니다. 빈소에 초등학생, 중학생 아이들이 찾아와 회장님을 추모하며 눈물 흘렸습니다. 회장의 아들은 아이들을 따뜻하게 맞아 주었지요. 일반적인 대기업 회장의 장례식장 분위기가 아닙니다. 이 학생들은 왜 회장의 죽음에 눈물지었던 걸까요?

모두가 아는 식품전문업체 오뚜기의 회장, 함태호에 대해서 이야기해 보려 합니다. 함태호 회장은 1969년 식품회사 풍림상사를 세웠습니다. 1973년에는 회사 이름을 오뚜기로 바꾸었습니다.

오뚜기는 한국의 식품 혁신을 이끌었습니다. 한국 최초로 카레를 만들기 시작했고, 수프, 케첩, 마요네즈, 식초 등 다양한 제품을 만들면서 식품 시장을 주도했지요.

이후 '오뚜기 3분 카레'로 대표되는 즉석식품이 성공하며 큰 성공을 거둡니다. 1980년대 후반에는 라면 회사 청보식품을 인수하여 라면 사업에도 진출했지요.

오뚜기의 성공 비결은 뭘까요? 공익적 사업을 꼽는 분들이 많습니다. 오뚜기는 다른 경쟁 회사가 라면 가격을 올릴 때 라면 가격을 올리는 대신 오히려 끊임없는 맛 개발로 라면의 품질을 올리는 데 힘을 쏟았습니다.

상속에 있어서도 바른길을 걸었습니다. 많은 기업이 세금을 아끼기 위해 편법을 동원하곤 합니다. 함태호 회장의 장남 함영준 회장은 3천억 원대의 주식을 받고, 1천 5백억 원대에 달하는 상속세를 모두 정직하게 납부했지요. 한국은 물론, 세계 어디에서도 찾아보기 힘든 깨끗한 상속이었습니다. 또한 대형 마트에서 일하는 시식 사원까지 정규직으로 고용하는 등 비정규직이 거의 없는 착한 기업이기도 합니다.

사업이 궤도에 오르자 함태호 회장은 사회공헌활동을 시작합니다. 1996년 12월, 그는 기업이윤의 사회환원 측면에서 국가와 사회 발전에 이바지할 유능한 인재 양성을 위해 오뚜기재단을 설립합니다. 우선 첫 번째 사업으로 장학사업을 시작했지요. 1997년부터 대학생들에게 장학금을 지원하기 시작하여 지금까지 약 800명에게 50억 원의 장학금을 지원하였습니다. 또한 '오뚜기 학술상'을 만들어 학술진흥사업도 했습니다. 식품산업 및 인류 식생활 발전에 기여한 교수, 연구원들에게 상금을 주는 일이지요.

장애인 복지 사업도 시작했습니다. 2015년에는 장애인 복지 법인 밀알복지재단에 300억 원대 주식을 기부했지요. 오뚜기는 밀알복지재단의 '굿윌스토어'와 함께 장애인 자립 프로그램을 진행했습니다. 장애인들에게 선물 세트를 만드는 일을 맡겨 자립할 수 있는 환경을 제공한 겁니다.

함태호 회장은 심장병 아이들 후원 사업도 꾸준히 해 왔습니다. 매년 태어나는 아이들 중 0.8퍼센트가 돈이 없어 심장병 수술을 하지 못한다고 합니다. 수술 한 번에 천만 원 이상이 들고, 수술을 여러 번 해야 하는 경우도 많아 어려운 환경의 가정에서는 수술이 쉽지 않습니다.

이 이야기를 들은 함태호 회장은 한국심장재단 지원을 시작했습니다. 1992년 매월 5명 후원을 시작으로 현재 매월 23명의 어린이에게 수술비를 후원하고 있습니다.

빈소에서 울던 아이들은 함태호 회장의 도움으로
새 생명을 얻은 아이들이었습니다.

함태호 회장보다 더 돈이 많은 부자는 세상에 많습니다. 하지만 함태호 회장보다 더 성공적인 부자가 있을까요? 새 생명을 얻은 아이들이 추모하는 가운데 세상을 떠난 함태호 회장의 삶이야말로 세상 그 어떤 부자보다 성공적인 삶이었을지도 모르겠습니다.

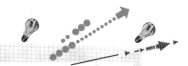

한 명의 부자가 만들어지려면 주변 사람들, 나아가 사회의 도움이 필요합니다. 학교에서는 좋은 교육으로 훌륭한 인재를 키워야 하고, 군대는 나라를 안전하게 지켜야 합니다. 또한 정부는 깨끗하고 합리적인 제도로 기업을 지원해야 합니다. '내가 혼자 잘나서' 부자가 되는 법은 없습니다.

그래서 부자에게는 본인이 돈을 벌면서 얻은 도움을 다시 사회에 나누어 줄 의무가 있습니다. 함태호 회장은 끊임없이 그런 의무를 실현했습니다. 정직하게 세금을 내고, 장애인, 연구 재단, 심장병 어린이 등 소외된 이웃을 도왔습니다.

돈은 그 자체로는 아무것도 아닙니다. 꼭 필요한 곳에 쓰일 때 비로소 가치가 있습니다. 이런 면에서 볼 때 진정한 부자란 남을 위해 돈을 쓰는 사람이 아닐까요?

어셈블

ASSEMBLE

"협업하는 무명의 예술가들"

도시 재건 프로젝트를 진행하는 예술단체. 건축가, 디자이너, 공예가 등 다양한 분야의 전문가로 이루어져 있다. 2010년 영국의 버려진 주유소를 영화관으로 재생하는 시네롤리움(The Cineroleum) 프로젝트를 계기로 조직되었다. 이후 다리 아래 우범 지대를 예술 공간으로 탈바꿈시킨 '폴리 포 어 플라이오버'(Folly for a Flyover), 오래된 공공 주택단지를 재생하는 프로젝트 '그랜비 포 스트리츠'(Granby Four Streets) 등을 진행했다. 2015년에 그랜비 포 스트리츠로 유럽 최고의 미술상인 터너상을 수상했다.

더 이상 사람들이 찾지 않는 버려진 주유소가 있었습니다. 영국 전역에 이렇게 버려진 주유소가 몇천 개나 된다고 합니다. 이 주유소들은 더 이상 쓸모가 없는 걸까요?

　그렇게 생각하지 않은 사람들이 있었습니다. 건축가와 디자이너 20명 정도가 모여 버려진 주유소를 살릴 방법을 연구했습니다. 그들은 고민 끝에 주유소를 영화관으로 탈바꿈시키기로 했습니다. 기부받은 자재를 모아 주유소를 꾸미고, 직접 바느질한 커튼으로 방음시설을 만들었습니다. 자원봉사자를 모아 영화관 직원을 대신했으며, 비싼 저작권료를 줘야 하는 최신 영화 대신 저작권이 없거나 저렴한 고전 영화를 상영했습니다.

　이렇게 주유소 영화관(The Cineroleum)이 완성되었습니다. 주유소가 사람들에게 기름을 공급했다면, 주유소 영화관은 주변 사람들에게 예술을 공급하는 곳이 되었습니다. 프로젝트는 성공했고, 주유소 영화관은 버림받은 장소에서 지역 명물로 대변신했습니다.

　버려진 장소를 재생하는 작업에 매력을 느낀 이들은 2010년 정식으로 조직을 결성합니다. 어셈블(Assemble)이라는 이름의 모임입니다.

　20~30대 다양한 분야의 전문가들 20명이 모여 버려진 장소를 찾아 멋진 장소로 바꾸는 프로젝트를 차곡차곡 진행했습니다.
　그중에서 다리 밑 공연장(Folly for a Flyover)은 특히 재미있습니다.

어셈블은 범죄가 많이 발생했던 다리 밑 장소를 주목했고, 이곳을 개발하여 연극과 공연을 즐길 수 있는 문화 공간으로 만들었습니다. 가장 더럽고 위험했던 곳이 아름다운 공간으로 바뀐 겁니다.

이후 어셈블은 더욱 야심찬 계획을 세웠습니다. 장소를 넘어 동네를 재건하는 일이었지요. 대상은 리버풀 지역의 그랜비 포 스트리츠(Granby Four Streets)였습니다. 한때 이곳은 리버풀에서 가장 에너지가 넘쳤던 곳이었지만 주민 폭동이 일어나고, 정부가 재개발을 위해 건물을 한꺼번에 사들이면서 황폐해졌습니다. 지역 주민들은 건축 프로젝트를 어셈블에 의뢰했습니다.

어셈블은 동네 재건을 시작했습니다. 우선 낡은 집을 수리했고, 사람이 살지 않은 빈집은 정원으로 꾸몄지요. 동네 시장을 만들어 동네에 활기를 불어넣었으며, 주민들과 함께 폐기물을 재활용해 만든 제품을 시장에 팔았습니다. 이렇게 얻은 수익금은 고스란히 도시 재생에 다시 활용했지요.

주민과 함께 새롭게 만드는 슬럼가라는 독특한 콘셉트에 사람들은 열광했습니다. 유행을 선도하는 사람들이 앞다투어 그랜비 포 스트리츠에 방문했지요. 가장 낡고 병들었던 동네는 사람들이 선망하는 '핫 플레이스'로 탈바꿈했습니다.

'터너상'은 현대미술에서 가장 빛나는 상입니다. 50세 이전의 미술가에게 주어지는 영국의 미술 상으로, 현대 미술계에서 가장 권위 있는 상 중 하나로 알려져 있습니다. 어셈블은 2015년에 '그랜비 포 스트리츠'로 터너상을 수상했습니다.

도시 재생이 하나의 가치 있는 봉사활동을 넘어 예술로까지 인정받는 순간이었지요.

지금 이 순간에도 어셈블은 도시 재생 사업에 몰두 중입니다. 그저 건물만 바꾸는 사업이 아닙니다. 주민의 의견을 듣고, 주민의 도움을 받아 함께 만들며 자기들이 떠나도 계속해서 살아남을 수 있는 동네를 만드는 일이 목표지요.

예술이라고 하면 무엇이 떠오르나요? 천재적인 사람 한 명이 고상한 미술, 음악, 영화 등의 '작품'을 만드는 모습이 떠오르나요? 하지만 꼭 그런 사람만 예술가일까요? 어셈블은 본인들이 예술가라고 생각하지 않았습니다. 다만 20명 정도의 전문가가 주민들과 함께 협업해서 낡은 동네를 새롭게 바꾸려고 노력했을 뿐입니다. 누구나 할 수 있고, 누군가는 어디선가 하고 있는 일입니다.

예술은 개인이 만든 아름다운 순수 작품이어야 한다는 생각은 편협한 생각일지도 모릅니다. 이제 예술은 따로 있는 게 아닙니다. 이웃을 돕기 위해 동료들과 함께 노력해서 실용적인 도움을 주면 그게 바로 예술이 아닐까요? 도시 재생을 위해 힘쓰다가 현대 미술 최고의 영예를 얻은 어셈블처럼 말이죠.

작가의 말

제가 좋아하는 만화 『미생』에서 이런 말이 나왔습니다.

"바둑판에 승패가 있는 이유는 바둑판이 유한하기 때문이다."

바둑판이 무한하다면, 승패 따위는 없을 겁니다. 누가 더 점수가 높은지 계산할 수가 없으니까요.

사람들이 불행한 이유는 시야가 좁아서가 아닐까요? 이 좁은 바둑판에서 지면 갈 곳이 없을 거라고 생각하니까요. 하지만 고개를 들어 옆을 보면 또 다른, 어쩌면 더 좋은 바둑판이 있을 수 있습니다. 성공했든 실패했든 말이죠.

이 책에는 수많은 사람이 나옵니다. 모두 자기 영역에서 소위 말하는 사회적 성공을 이룬 사람들입니다. 하지만 그 누구도 비슷한 사람이 없습니다. 세상이라는 바둑판은 끝이 없으니까요. 이 책이 아이에게, 또 부모님에게 모두가 함께 자신만의 방식으로 성공할 수 있음을 알릴 수 있다면 더할 나위 없이 행복할 듯합니다.

너무나 많이 쓰여서 뻔해진 말이지만 '한 아이를 키우려면 온 마을이 필요하다.'고 합니다. 저도 자라고 성장하는 동안 많은 분의 도움을 받았습니다. 직접적으로, 또 간접적으로요. 이 책은 그렇게 받은 도움을 조금이나마 다시 사회에 돌려주려는 제 노력의 결과물입니다.

이 책을 쓰면서도 수많은 분께 도움을 받았습니다. 어쩌면 이 책은 제 작업이라기보다는 여러 사람의 공동 작업이라 할 수 있겠습니다.

이 책은 NHN Edu에서 운영하고 있는 알림장 앱 '아이엠스쿨'에 연재했던 글을 모았습니다. 연재 시절부터 많은 분께 도움을 받았습니다. 처음 기획을 함께했던 이충엽 팀장님, 오수민 팀장님, 김서율 담당자님, 김보람 담당자님 고맙습니다. 연재하는 도중에 직간접적으로 많은 도움을 주셨던 정인모 팀장님 및 NHN Edu의 모든 직원 분께도 감사의 말을 전합니다.

부족하게나마 글을 쓰기까지 많은 스승님이 계셨습니다. 제게 처음으로 글을 쓰라고 격려해 주신 중동중학교 탁정현 선생님, 스마트교육학회에서 교육의 뿌리를 알려 주신 천세영 교수님 늘 감사드립니다. 웹진 편집장으로 제 글을 다듬어 주신 중동중학교 김수학 선생님, 작가로서의 삶을 제 앞에서 몸소 롤 모델로 보여 주신 중동고등학교 안광복 선생님, 제게 미국 유학을 통해 더 넓은 세계를 볼 기회를 주신 김영하 목사님, 다들 감사합니다.

사회에서도 많은 스승님께 배웠습니다. 신촌대학교 기자되기학과에서 쉽고 명료하게 글을 쓰는 방법을 알려 주신 MBN 윤범기 기자님과 이데일리 신정은 기자님 감사합니다. 한겨레문화센터 교열 수업에서 제게 한글을 바르게 쓰는 법을 알려 주신 경향신문 엄민용 기자님 감사드립니다. 트레바리 뉴미디어, 트레바리 초협력자에서 제게 세상을 보는 시야를 넓혀 주신 정혜승 청와대 뉴미디어 비서관님, 천관율 시사인 기자님 고맙습니다.

인물 섭외, 허락에 도움을 주신 분이 많습니다. 이 책에 나온 분들의 이해심이 없었다면 이 책 또한 없었겠지요. 책 작업을 허락해 주신 모든 분께 감사드립니다. 특히 섭외에 큰 도움을 주신 콩두컴퍼니의 이경하 님, 닷의 최아름 님 고맙습니다.

그 외에 제가 미처 적지 못한 모든 분께도 감사의 말을 전합니다.

non cesso gratias agens pro vobis memoriam vestri faciens in orationibus meis.*

2018년 김은우

---

*"여러분을 두고 끊임없이 감사를 드리고 있으며, 내 기도 중에 여러분을 기억합니다."
(에베소서 1장 16절)